传统文化中的应酬技巧

Social Skills in Traditional Culture

刘慧滢 / 编著

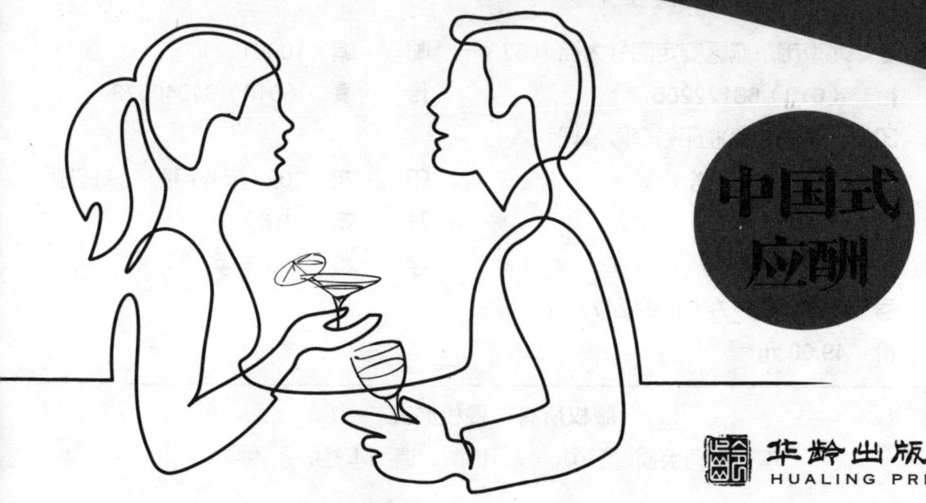

中国式应酬

华龄出版社
HUALING PRESS

图书在版编目（CIP）数据

传统文化中的应酬技巧 / 刘慧滢编著 . -- 北京 : 华龄出版社 , 2023.4

ISBN 978-7-5169-2477-8

Ⅰ . ①传… Ⅱ . ①刘… Ⅲ . ①心理交往－通俗读物 Ⅳ . ① C912.11-49

中国国家版本馆CIP数据核字(2023)第037910号

策划编辑 冯 强　　责任印制 李未圻

责任编辑 郑 雍　　封面设计 郑金霞

书 名	传统文化中的应酬技巧	作 者	刘慧滢
出 版 发 行	华龄出版社 HUALING PRESS		
社 址	北京市东城区安定门外大街甲 57 号	邮 编	100011
发 行	（010）58122255	传 真	（010）84049572
承 印	天津海德伟业印务有限公司		
版 次	2023 年 4 月第 1 版	印 次	2023 年 4 月第 1 次印刷
规 格	640 mm x 910 mm	开 本	1/16
印 张	13	字 数	150 千字
书 号	ISBN 978-7-5169-2477-8		
定 价	49.00 元		

前 言

在中国，从古至今，应酬就是拓展人际交往、促成生意合作的有效工具。无论是在职场、生意场，还是在日常生活中，凡有人处，凡有事在，就离不开应酬。

平日里，生儿育女、婚丧嫁娶、乔迁升学，总有人设宴请客，请柬一到，为做人情，应酬便在所难免；逢年过节，亲友互访、同学聚会、同事聚餐，更是应酬集中之时。另外，酒桌上、牌桌上、娱乐场所，觥筹交错，处处有应酬；朋友、对手、陌生人，嘘寒问暖，说场面话，时时要应酬。

在各种商务拜访、商务接待、商务宴请、商务谈判中，善应酬者常可决胜千里，轻松实现自己的商业利益。面对媒体时，事关形象和声誉，应酬更需要讲究策略、讲究方法，才能做到有礼有节、有章可循、从容应对。

应酬是一门学问，更是一门“技术活”。一个人不管有多聪明、多能干，先天的条件有多好，如果不懂得为人处世，不懂得应酬之道，那么不仅容易错失良机，甚至增加失败提高的风险。

应酬有规则，有方法，有技巧，需要讲策略，讲智慧，讲变通。一个真正的应酬高手，应该掌握应酬的艺术，将应酬做得恰如其分，滴水不漏。如同自然界的优胜劣汰法则，不懂应酬的规则、方法和技巧，必将被淘汰出局。

应酬中，有些规则是显性的，写得明明白白，清清楚楚，人人都可以看得见，照着做；而有些规则是隐性的，并没有明文规定，也没有人说出来，但若不去遵守，必定会吃亏，就如同海底的暗礁，不知者容易触礁遇险，甚至人毁船倾，功亏一篑。

掌握中国式应酬的规则、方法与技巧，是成就大事的关键所在。应酬到位，不仅能广建人脉，维系好各种人际关系，办事也能达到事半功倍的效果。反之，必将导致事事艰难。

虽然应酬无处不在，但仍然有许多人不懂得中国式应酬的规则与技巧，为此走了许多人生的弯路。本书从人脉、圈层、人情世故、宴请、职场等多个方面入手，深入剖析中国式应酬的基本特征，介绍其中的规则、方法与技巧，传授针对多个场景的应酬之道，对应酬中的各种问题和关键点进行介绍，让读者领悟处世智慧和人生真谛，快速掌握交际应酬中的技巧，灵活机智地应对各种社交活动。

目 录

应酬是一项技能，不该成为“应愁”

聚财先聚人，建立高质量的人脉关系

塑造百万形象，举止得体更受欢迎

第六章 给语言加点料，会说话让应酬更有效

第七章 精通宴请文化，有益于事业发展

第八章 职场应酬得当，领导青睐，同事喜欢

第一章

应酬是一项技能，不该成为“应愁”

无论是在工作还是生活中，人们总离不开与人打交道，这就免不了要应酬。但是，一谈到应酬，许多人都为之“色变”，愁容满面，因为一旦应酬的某一环节出现差错，非但办不成事情，反而会有适得其反的后果。

应酬也讲究“易风随俗”，在中国，如果你想在应酬上做到滴水不漏，就必须要了解国人，了解国人的特性，然后有针对性地选择合适的应酬方式，这样才能让事情圆满，让对方满意。

言——假话全不说，真话不全说

口中说着“随便”，心里一点不随便

在我们的日常交往中，经常会遇到对方说“随便”这个词。当对方用这个词来回答我们的问题时，看似给了我们很大的选择空间，实际上却让问题变得无可破解。

小美就是这样一个人。和她在一起吃饭，你问她吃什么，她总是回答“随便”，一般人都会理解为她吃什么都行，你做主就可以。但接下来可能并不是你想象的样子。

一次，小美的男朋友小刚打算约她去吃晚饭，小美爽快地

答应了。但是吃什么呢？小明拿不定主意，就决定问问小美。

“晚上吃什么呢？”

“随便。”

“要不吃火锅吧？”

“有点事儿就是火锅，你们家是开火锅的吗？”

“那去吃西餐吧？”

“你约的是洋妞啊？吃不惯！”

“那就去吃中餐吧。”

“两个人约会，能不能浪漫一点？”

“那你说吃什么？”

“随便。”

除了吃饭，平时一起出去玩也是这样。每当小刚说咱们去哪玩时，小美总是说“随便”。小刚说去爬山吧，小美说太累，耗费体力，第二天腿酸；小刚说去公园吧，小美说人太多，看见人头攒动脑袋疼；小刚又说了一个风景秀丽的地方，小美嫌弃太远，晕车而且不舒服。

实际上，我们习惯于被假象所蒙蔽，有的人看似很好相处，实则不然。你觉得你们可以轻松愉快地玩耍，前提是你要知道他（她）嘴里的“随便”代表的是啥。如果你猜不出他（她）所说的“随便”两字背后的真实含义，他（她）会让你至少在和他（她）一起的那段时间让你感到不随便。

如果你说到最后也没有找到他（她）想的那个“随便”，然后接下来按照你的提议去吃饭或者去哪玩耍，这个“随便”的人就会全程面无表情，表现出毫无兴致的样子。

“随便”这两个字如同药中的万金油，仿佛用在哪里都合适，能够回答任何问题，不会出现差错，但好像又都没有解决问题，回答和不回答没什么区别。更有一些人非常懒，懒得去想，懒得去决定，就把“随便”当成口头禅，用“随便”两个字去敷衍一切问题。

实际上，中国式的沟通，有时候非常含蓄。很多人都喜欢在面临选择时说“随便”，原因在于“模糊表达防范风险”。一件事情讲得特别清楚或者过于直白，在传授知识的时候是很好的，而在人际交往中就是一个危险的信号。

比如，一个朋友邀请你去参加他的结婚典礼，而你不想去，如果非常直白地回绝：“我不想去！”那么显然是你不想维持这段关系，反之模糊的表达：“咱们这么铁的关系，我如果没有特别紧急的事，一定参加你的婚礼。”即便你最后真的没有去，对方也会认为你是因为家里有更重要的事情耽搁了，而不是轻视对方，拿对方不当回事。

中华民族是个含蓄的民族，我们习惯于用含蓄的方式、默契的途径表达自己的感情，我们不愿意用直白露骨的方式表达，也就是有话也不愿意直说。

身体语言也是不可忽略的语言

在生活中，我们经常会遇到这样的场景：当我们穿着自认为大方得体的衣服问朋友时，他可能嘴上说“不错，还可以”，但你仔细观察他的表情，可能会发现他有微微皱眉的动作，或者眼神闪烁，或者双手握拳。这些动作其实就表现出他的内心在排斥你，他对你的这身打扮并没有什么好感。发生这种情况时，你可以多问几个人，如果大部分人都做出同样的举动，此时的你最好换一身行头，因为大部分人都不喜欢。

这就是最简单的口头语言和身体语言发生矛盾的场景。除此之外，生活中还经常会遇到这样一类人，他们当面恭维你，背后则诋毁你。也就是说，他们在内心对你是有所不满的，却不当着你的面表现出来。如果你稍微留意一下，就会发现这些人言不由衷的神情和其他表示排斥的动作。

但是更多的时候，人们很难从一个人的表情或者言谈举止来断定其真实意图，首先是由于一般人缺乏辨认身体语言的技巧，其次判断对方在言行举止上也可能做了掩饰。

比如难过的时候，他可能微笑着面对周围的人；兴奋的时候，他也可能故作沉思，低头不语。因此，这时他说出来的话、做出来的事不一定出自本意。正如俗话所说："人人都戴上了虚伪的面具。"这副面具随着年龄的增长、生活阅历的增多，戴得越来越巧妙，越来越难以被人发觉，这就增加了我们识人的难度。

在生活中，你或许会看到每个人都面带微笑地向你走来，无论那张面孔是熟悉还是陌生；看到相遇的双方相互拍肩问候，溢美之词不绝于耳，无论是故友还是初识；看到对方在请求帮助时，表现出一副捶胸顿足、信誓旦旦的样子。于是，在人际交往中，你往往以不设防的状态向朋友敞开心扉。然而，当你在人生路上栽了跟头，才发觉那抹微笑原来并非发自内心，在那问候和赞美背后深藏着陷阱。

这便是生活的复杂性，它向我们展示了一幅人心难测的图画。于是，辨识朋友态度的真伪、避免落入他人的陷阱就成为人际交往中不可或缺的一部分。事实上，虽然有些人想要隐藏自己内心的真实想法，但他也只能在某一段时间里设计自己的身体语言。平日里，如果你能仔细观察他的一举一动，就能够探测到他内心深处的真实想法。

春秋末年，晋国大臣中行文子被迫流亡在外，有一次，经过一座界城时，他的随从提醒道：“主公，这里的官吏是您的老友，为什么不在这里休息一下，等候后面的车子呢？”

中行文子答道：“不错，此人从前待我很好，我有段时间喜欢音乐，他就送给我一把鸣琴；后来我喜欢佩饰，他又送给我一些玉环。这是投我所好，以求我能够接纳他，而现在我担心他要出卖我去讨好敌人了，所以我很快就离去。”

果然不久，这个官吏就派人扣押了中行文子后面的两辆车子，献给了晋国国君。

现实生活中像中行文子这样善识人心的人确实很少，他对人的准确判断来自他平日的积累。同时，这个故事也告诉我们：人再怎么隐藏本性，终究会地露出真面目。就像前台演员一样，一到后台便把面具拿下来，假面具一拿下来，真性情就出现了。因此，只有经过长期观察，才能了解一个人的本质，发现其原形，辨识其真伪。

透过“牢骚”，看穿事件本质

古语说：“闻弦歌而知雅意”，同样，我们可以说“闻牢骚而知事有误”，即知事有误，应及时去调查，并加以改正。如此来看，发牢骚者，其实也在扮演着提醒者的角色。对于他人的提醒，我们必须加以重视。

牢骚即我们平常所说的抱怨。抱怨源于对现状的不满，其中也不乏发牢骚人自身的原因，比如工作不认真、懒惰等。人们常听到的牢骚，大到公司的管理制度，或者奖励机制的问题，小到上司行为的瑕疵使得员工对现状不满意等，应有尽有。

一般而言，发牢骚者总会让他人投去异样的眼光，让人心生厌烦，更有甚者会引起领导的“特殊重视”，因为他们给人以对现状大为不满的印象。

其实，既然有人发牢骚，多半事出有因，事情不尽人意。当我们换一个角度去看待他人发出的牢骚时，就会发现，他人的牢骚其实可以看作调整我们当前某种行为的一个很有用的信号。

不妨想想，为什么会有人如此发牢骚？一般来说，发牢骚的源头多半不在发牢骚者的身上，很可能是我们自身存在某些不足之处。如果发同样牢骚的不止一个人，那就更有力地说明了这一点。

《战国策》中的《冯谖客孟尝君》一文，非常生动地描绘了冯谖为生计寄食于孟尝君门下后，因受到不公正的待遇而三发牢骚的情形。

冯谖早年丧父，与母亲相依为命，虽贫寒而志不移，为人机智，工于心计，才气极高却又为人孤傲，后为生计寄食于孟尝君门下。

孟尝君第一次见冯谖，问及冯谖有什么爱好及特长时，冯谖淡然地说没有什么喜好，也没有什么才能。于是孟尝君只是笑着留下了他。

不久，冯谖嫌孟尝君给自己的伙食很差，于是便靠着柱子弹击着自己的长铗唱道：“长铗归来乎！食无鱼。”

侍者将此事报告给孟尝君，孟尝君说：“那就给他备上鱼吃，待遇按中等门客的规格安排。”

又过了不久，冯谖又弹长铗而歌：“长铗归来乎！出无车。”左右都笑他不知足，如实报告了孟尝君。

孟尝君素来慷慨，就说：“那就给他配车，按上等门客的规格待遇。”

大家心想，这下你该知足了吧。没想到，又过了一段时间，冯谖再次敲起他的长铗：“长铗归来乎！无以为家。”

冯谖第三次弹起他的长铗发牢骚，周围的人都很讨厌他，认为他是一个贪得无厌、不知自重的人。可孟尝君听后，想了想，又派专人为冯谖老母安排好了衣食。

从此，冯谖不再发牢骚了。

正是这个三弹长铗发牢骚的冯谖，后来为孟尝君在薛地焚券买义，使齐王恢复其相位，并且赐先王礼器在薛地建立宗庙，为孟尝君营造了扎实的“三窟”，解除了他的后顾之忧。此后，孟尝君在齐国又做了几十年的相国，没有丝毫的过失，可谓全是冯谖的功劳。

由此推知，当有人发牢骚时，必定有某些不合理的地方需要改进；爱发牢骚者，也必定有所恃，有其独特的发现，或怀才不遇，或待遇不公，或深感管理混乱，或有危机感存在。

认识到这一点后，我们要做的不是去堵住牢骚者的嘴，而是应该从牢骚者口中探出源头，及时查出并弥补其中的失误，以使人才不至于埋没，事情不至于趋于困境，这才是面对他人的牢骚时所应采取的最好方式。

某公司的员工苏丽文，爱与人说说笑笑，却也偶尔能听到她发两句牢骚。如她在与你聊了一会后，可能还会向你抱怨说："电梯门口的那个地板很容易就会让人滑倒。"有时候，她又会和另外的女同事说："为什么人事处的那个小王总爱短信约办公室里的女同事？"有时候，苏丽文倾诉的同时会夹杂着许多抱怨，她会停下手中的工作，向旁边的男同事小黎说："这个工作怎么这样安排啊，累死人了，而且昏沉沉的什么都做不了。"再过一会儿，苏丽文又开始继续抱怨："这么多的事情要做，我被压得喘不过气来，我已经尽力了，经理还老是催我。"

同事们都不大喜欢苏丽文发牢骚，所以她发牢骚时他们大多装作没听到。但是她的领导却不这么认为。恰恰相反，他经常借着和苏丽文聊天的机会，从她的口中了解公司在近期有哪些不如人意的地方，在人事管理方面有哪些缺陷，然后回到办公室，慢慢地结合工作需要，进行公司内部的微调。

这样一来，这位领导所在的部门，在员工与公司的关系之间，较之其他部门更加的协调，因此受到了上级领导的嘉奖。

很显然，大多数团队中都会有个别像苏丽文这样的抱怨者。因此，我们不要一味地指责他们的满腹牢骚，而要正确地对待他们口中的牢骚，甚至还应当感谢那些曾经抱怨过的人。正是有了他们的“牢骚”，我们才可以看见问题的所在，通过他们可以更加清楚漏洞所在。

简而言之，对待他人的牢骚，我们应该做到如下几点：首先，要遵守“对事不对人”的工作原则。对待他人的牢骚，只能针对“牢骚”的内容，而不能针对发出牢骚的人。试想，如果没有人发牢骚，没有人将缺点说出，那么缺点永远都在潜伏之中。

一旦出现问题，发现得越早越好，处理得越及时越好。如果任由问题日积月累而不加以理会，终有一日它会如火山一样喷发，到时你就会意识到一直以来没有人说出这个问题所在是多么可怕。

其次，无论是与人相处还是管理一家企业，你都要诚心地鼓励周围的人大胆直言。“逆耳之言为良药”，说的就是这个道理。让他们不要把事情憋在肚子里，用你的态度去包容他人的牢骚，久而久之，事情就会在不断的牢骚声中慢慢变得顺利、变得完善。

这是用他人的“不满之口”来解决问题的一把钥匙。发牢骚者并不完全是对的，但是回击发牢骚的人就一定是你的错，因为你的这个举动也许就为你日后酿成大错埋下了伏笔。

最后，你还要有一双明辨是非的眼睛，分辨哪些“牢骚”是空穴来风，哪些是事出有因。对无关痛痒的牢骚，你就当耳边风一笑而过就可以了，对于一些实在有问题的牢骚，就要引起你足够的重视了。

行——中国人的“中庸主义”

方圆相济，老祖宗留下的生存哲学

人们常说，“不以规矩，不能成方圆”，原意是说，如果没有规和矩，就无法制作出方形和圆形的物品，后来引申为行为举止要符合标准和规则。

方和圆，是我国传统文化中常见的一对概念。一般来讲，方具有静态、部分、规则、原则性等含义；圆具有动态、整体、圆满、灵活性等含义。方是立世之本，圆是处事之道，其内涵具有无穷的丰富性、相对性和多样性。

方与圆相辅相成，方以不变应万变，圆以万变应万变。有方无圆则拘泥，有圆无方则不立，方圆相济才能和谐。

在我们日常处理事情的时候，也需要遵循方圆之道，做事既不能破坏规矩，也需要一定的灵活性。运用灵活的手段，善于变通、迂回应变，能够排除各种人际关系后所产生的负面效应，从而更迅速、更直接地达到自己的目标。

明朝清官海瑞一生清廉，刚直不阿，深得百姓爱戴。不过，这并不意味着他不通世事。

海瑞曾在淳安县做知县，当时，朝中大奸臣严嵩大权在握，横行天下。严嵩的干儿子鄢懋卿是严嵩最忠实的走狗和最凶恶的爪牙。鄢懋卿经常借巡察之机大肆铺张，明目张胆地敲诈勒索当地官员，仅在扬州一带前后就搜刮了近几百万两银子。但他经常做一些勤俭朴素的表面文章，为自己装门面。

一次，鄢懋卿在经过包括淳安县在内的严州府地界时，照例表面上明文告示各县，宣称自己生性简朴，命令各地官员都要俭朴节约，不要过分奢华。

海瑞早已知道鄢懋卿卑鄙无耻、贪得无厌，也知道他那些用来欺世盗名的花言巧语只不过是表面功夫，所以，他不会像其他官吏一样对他毕恭毕敬，大摆排场来迎接。可是，鄢懋卿毕竟是严嵩的干儿子，硬碰硬自然不行。

于是，海瑞派人到各地探听鄢懋卿在各地搜刮的钱财，以及各地为了迎接他所花费的财物。然后将各项费用详细列出，报告给鄢懋卿，并说：“大人每到一地，各地官员无不借机大肆铺张以逢迎大人，这显然不符合大人向来简朴节俭、不喜逢迎的作风。现在大人就要驾临我县，我们深感为难，如照大人通知上所说的节俭办事，恐获怠慢之罪；如像各地官员一样大肆招待，又怕违背大人体恤百姓的本意。请大人示下，我们该如何是好？”

鄢懋卿见了海瑞的报告，知道他这是有意和自己过不去，心里恨得咬牙切齿，但他知道海瑞清正廉明，弄不好会让自己难以下台，只好在海瑞的报告上批复说：“照正式通知办事。”

后来，鄢懋卿怕自讨没趣，干脆绕道而行，没有进入严州府地界。

有一次，浙直总督胡宗宪的公子路过淳安。由于负责招待的驿吏招待得不好，胡公子大发雷霆，把驿吏倒吊起来进行惩治。

海瑞接到报告后，说："过去胡总督按察巡部，命令所路过的地方不要供应太铺张。现在这个人行装丰盛，一定不是胡公的儿子。"

于是，海瑞将胡公子扣押，从他的行囊之中搜出了数千两银子，并没收入官库。接着，海瑞派人报告胡总督，说有人冒充他的儿子，请示应该如何发落。结果弄得胡宗宪哑巴吃黄连，有苦说不出。

为人处世，最重要的一点是把事情做好，做得恰到好处。这需要极高的素质、悟性和技巧，也就是精通了方圆之道。明白了这一点，我们就不难理解为什么会有"执方圆行天下"的说法了。

揣着明白装糊涂，最高明的生存之道

虽然说人生如戏，但是真正的高人，从不在戏中迷失自己。是是非非、纷纷扰扰不过是过眼云烟，不值得挂怀。面对再多的诱惑，也知道该放弃时则放弃，在混杂中活得清楚明白。一切势态，一切将来，都做到心中有数，智慧者当如是。

其实，什么是看穿是非，直白一点说就是懂得跳出来，懂得放弃。平日里，我们的心像钟摆一样在得失间摇摆，懂得放弃是一种智慧。

《红楼梦》中的王熙凤，可谓是家喻户晓。王熙凤何等得冰雪聪明，简直就是女人中的精品，这世上的很多男人恐怕都不及她。她八面玲珑、九面处世、外柔内刚；她笑里藏刀，表面向你微笑，心里却在给你下套子。迷上她美色的贾瑞被她整得一缕孤魂上青天；看上她丈夫的尤二姐被她给逼得吞金自尽；而她的“偷梁换柱调包计”李代桃僵，则送掉了颦儿脆弱的性命。

王熙凤的能耐大，荣、宁两府在她的整治下服服帖帖，秦可卿出殡这样的大事到了她手里简直是小菜一碟。她能说会道，贾府上下无人不晓她琏二奶奶。

可王熙凤却是一个精明过火的女人，精明到处处好强、事事争胜，哪儿都落不下她，终于得罪了大太太，加之贾母撒手人寰，她的靠山没了，终于“反误了卿卿性命”。

红学家们感慨这样一个精明能干的女人的结局如此悲惨，全在于她没有看透社会上的处世哲学——难得糊涂。

为人处世，精明一点儿好，还是糊涂点儿好，各人有不同的答案。但是一般认为，行走于社会中，还是“糊涂”点儿好。当然，这种糊涂并不是真的糊涂，而是希望我们学会一些大智若愚的技巧，避免发生弄巧成拙的尴尬。

其实“糊涂学”就是做人的智慧，主要包括知、情、意三个方面的综合体现。在“知”的方面，“糊涂”就是承认人的认识有限性，不过分依靠和卖弄自己的智慧。勿恃小智，勿弄奇巧，息竞争心，它包含大智若愚、藏巧于拙，顺其自然、无为而治，谨言慎行、因势利导，精益求精、善于其技，虚心纳谏、博采众长，居安思危、留有余地等。

在“情”的方面，就是安贫乐道、隐忍退让、息贪婪欲，它包含安守本分，淡泊名利，宁静致远，乐天知命等。

在“意”的方面，就是淡泊明志、立身端方、守清正节，包含宠辱不惊、功成不居，严于律己、宽以待人，刚正不阿、洁身自好等。

当然，“糊涂学”的范畴很广，我们在这里无法涵盖所有，只能说要在日常的积累中感悟真正的大智若愚。真正能巧用模糊语言，偶尔装装糊涂，将有助于经营你的人脉，改善你的人际关系。

性——懂人性，你就不痛苦了

交朋友也要适当谈利益

人类社会能发展成为今天的样子，是因为我们的祖先学会了互惠原理。互惠原理是人类社会永恒的法则，它是各种交易和交往得以存在的基础。

人与人之间的互动，就如坐跷跷板一样，不能永远是某一端高，而是要高低交替。一个永远不肯吃亏、不肯让步、不肯与别人互惠的人，即使真的暂时赢了，并得到了不少好处，从长远来看，他也一定是输家，因为没有人愿和他玩下去。

汉高祖刘邦就是一个深谙其中道理的人。刘邦对手下人十分慷慨，因此他手下才网罗了一大批骁勇善战的文臣武将。

英布，盗贼出身，是项羽手下的大将，能征善战。项羽灭了秦王朝后，封他为九江王，他嫌地盘小，不大满意，因此在刘邦与项羽争夺天下的时候投奔了刘邦。

英布拜见刘邦的时候，刘邦很高傲，好像根本没把他放在眼里。英布退出来后又气又悔，然而等他回到刘邦为自己安排的住处时，却又大喜过望。原来刘邦这个人很慷慨，从来不吝惜对部下的赏赐。英布的房子、饮食、从官，其排场讲究竟然比刘邦有过之而无不及。

英布这才觉得原来刘邦对自己非常看重，跟着刘邦一定有前途，从此对刘邦忠心耿耿。

不仅对英布如此，刘邦对手下的其他人也同样慷慨，甚至往往超过对方的期望。一言合用，赏赐立至；裂土封疆，毫不吝惜。因此他的部下对他都很忠诚，愿意为他效力。

为此，韩信这样说刘邦：“驱逐利之徒以夺天下。”就是说他的部下都是些争名夺利的小人，没有几个君子。但对于刘邦来说，君子也好，小人也罢，只要能为他所用都是好的。

刘邦向来慷慨，彭城之战后，在刘邦的重赏之下，英布、韩信等大将争先恐后，逼得项羽打了东面又打西面，顾得上前方顾不得后方。尽管项羽英勇无敌，但终究寡不敌众，被刘邦围攻，四面楚歌，自刎而死。

项羽之所以有如此悲惨的下场，是因为他不懂得笼络人心，不会经营自己的圈子，一个人再英勇，如果没有为自己效忠的队伍和圈子，力量终归是薄弱的。而圈子内的人，都是普通的芸芸众生，他们不可能都在历史上留下自己的名字，也许他们也有对理想的追求，但眼前的实际利益无疑更能打动他们。

说到底，交朋友的不能忽略“利”字，他们不好也不坏，都只是普通人，他们的诉求中肯定包含利益。他们就会关注自己主子究竟是什么人，还会考虑自己的实在利益。要成就事业，得到他们的帮助才是最重要的。

张武是一家公司的人力资源总监。一天早上，一名年轻有为的员工走进他的办公室，对他说自己刚接到一家大公司的录用通知，并承诺提供更好的待遇和福利。这位员工希望张武在他离职之前能够安排好接任的人选。

张武知道，那家公司是用高薪来作钓饵，自己的公司办不到，再说以目前这位年轻人的职位和对公司的贡献，还不值得投这个“资”。然而考虑到这位年轻人今后对公司的作用，张武开诚布公地与他进行了交流。

张武首先答应可以将年轻员工的薪金略微提高。他指出：以年轻人目前在公司的职位，将来的升迁潜能很大。虽然目前本公司所提供的薪金与别的公司相比要低一些，但公司不会亏待它的任何一位员工。如果年轻人能胜任当前的工作，根据公司的奖励制度，薪金就会逐年调高。

接着，张武语气一转，提醒年轻人考虑要接受的那份工作实际上是死路一条。虽然那家公司比本公司愿意提供的薪水要多些，不过，如果他接受那家公司的工作，那么他将来在那家公司的职位，将很难有机会继续提升。这并非说他能力不足，而是这个新的职位将来并没有升迁机会。

张武继续告诉年轻人，他想加入的那家公司是个家族企业，其中的成员大多沾亲带故，一个外人很难打入权力核心。

张武这一番语重心长的话让年轻人似有所感悟，他也知道张武并不是在开空头支票，因为张武说的这番话都在情在理，都是符合实际的。几天以后，这位年轻员工又回到了张武的办公室，告诉他自己已经放弃了新的工作，决定仍然留在公司里。

张武与年轻员工的这次交谈中可以看出，能够说服年轻有为的员工留下来，基本上就是靠采用开诚布公的方法，分析年轻员工去与留中的利弊得失。一方面承诺加薪，描绘美好前景；另一方面指出跳槽的短期风险和长期风险。由于他态度中肯，且又语中要害，虽然没有满足年轻员工眼下的种种额外要求，但还是达到了挽留年轻员工继续为公司服务的目的。

所以，在交朋友的时候，不要提醒对方你在过去曾经给予过他什么帮助，也不要让对方想起你的那些感人事迹。如果那样，对方会想尽办法忽视你、躲避你。相反，在必要的时候，揭露一些真相，指出你将会给对方带来什么好处，并且刻意将这一点强调出来。当他从中看到了自己可能获得的一些利益时，对方就会热情地回应你。

善良不可滥用，拒做老好人

一位曾以助人为乐趣的老好人唠叨说：

“能帮上忙我很快乐，但是我也不想因帮忙而得到不尊重的态度。有次午夜时分一个陌生的太太说，要将她的三个孩子送来我家，让我负责他们上下学、伙食和睡前讲故事，还说是对我放心才让我带。又有一次，也是帮别人带小孩，小孩的父亲怪我的伙食不行，还说我没教孩子英文、珠算、数学！还有一次，人家托我带孩子，说好晚上8点准时到，结果我等到12点还没到！打电话去问，说是'忘记了'，随后就不了了之。上班时，会计小姐在年度结算，托我帮忙，我算得头昏脑涨，那小姐却喝茶潇洒去了。最后，她还怪我算得太慢，害她被老板骂。"

凡事都往自己身上揽，唯恐得罪人的结果就是不仅加重别人的依赖，也增加了自己的负担，弄得自己不堪重负。

你不可能在所有的事情上，让所有的人都满意，如果你总是怕对方不满意，谨小慎微地察言观色，揣摩别人的心思，你迟早会把自己折磨致死。

而且那些别有用心的人一旦摸透你想面面俱到的弱点，便会软土深掘，得寸进尺地索求，因为他们知道你不会生气，于是你就会变成人人都想捏的软柿子。

有这样一则寓言：

一匹狼跑到牧羊人的农场，想偷走一只羊。这时候，牧羊人的猎犬追了过来，这只猎犬高大凶猛，狼见打不过又跑不掉，便趴在地上，流着眼泪苦苦哀求，发誓它再也不会打这些羊的主意。

猎犬听了它的话，又看它流了泪，于心不忍，便放了这匹狼。想不到这匹狼在猎犬转身的时候，纵身咬住了猎犬的脖子。临死之际，猎犬伤心地说："我原不应该被狼的话感动的！"

然而，现实生活中却有很多如猎犬一样的人，以为能通过自己的仁义感化别人。殊不知，这种"妇人之仁"非但不会感动他人，反而会给他人提供再次犯下恶行的机会。

因此，有时，善良也是一种“罪”，在不该仁义的时候就要无情。人们常说，做事不要心存“妇人之仁”。其实无情的人并不见得就是坏人，做事无情也无非只是保护自己的一种手段。

某公司一个部门里，有一位同事比较胆小怕事，遇事过分忍让。因此，虽然部门的绝大多数同事对他并无恶意，但在不知不觉中总是把他当作是一个理所当然应该牺牲个人利益的人，看电影时他的票被别人拿走，春游时他被分配给看管包儿的任务……

其实，这位同事也非常渴望与别人一样，得到属于自己的那份利益与欢乐。由于他的老实软弱和极度忍耐，这种情况持续了很久。终于有一天，他忍无可忍了，一向木讷的他来了个大爆发，原来一场十分精彩的演出又没有他的票。

只见这位同事脸色铁青，雷霆万钧，激动的声音使所有人都惊呆了。虽然那场演出的票很少，但是这位同事还是在众目睽睽之下拿走了两张票，随后摔门而去。大家在惊讶之余似乎也领悟到了什么。在后来的日子里，大家对他的态度似乎好多了，再没有人敢未经他的同意便轻易地拿走他的东西了。

“人善被人欺，马善被人骑”，动物世界里的法则是弱肉强食，其实对于人类社会来说，也未尝没有这种情况，只不过它在社会中不显得那么赤裸裸罢了。

因此，不可滥用善良，在别人触犯了自己的利益时，一忍再忍只会助长和纵容别人侵犯你的欲望。

自己有价值，关系才经得起考验

有的人虽然朋友很多，但是真正需要帮助的时候，却找不到一个人来帮助他们脱离困境；有的人虽然朋友不多，但是他们有困难的时候，总会有人竭尽全力地去帮助他们。

为什么会有这样不同的结果呢？在问这样的问题之前，我们首先应扪心自问，对方是否需要我们，我们能够为对方创造什么样的价值？

当我们对别人有价值的时候，别人自然就会成为我们的人脉，会在我们需要帮助的时候伸出援手。如果妄图把别人当作自己的人脉，而自己却没有价值，那么，这样的人脉，是虚假的，是经不起考验的。人脉的基础，是等价互换，而不是单方面的付出。

战国时期，齐王听信谗言，认为孟尝君的名望高于自己，会威胁到自己的统治地位，于是罢免了孟尝君的职位。孟尝君的门客知道了这个消息，纷纷离去，只剩冯谖一人。

冯谖对孟尝君说：“请派我到魏国去，我一定有办法让你重新受到国君的重用，增加封地。”

于是孟尝君备好礼物，派冯谖出使魏国。

来到魏国，冯谖对梁惠王说：“天下的游士驱车入魏，都想使魏国强盛，使齐国削弱；而驱车入齐的都想使齐国强盛，使魏国削弱。这是因为魏齐两国势不两立，谁能称雄，谁就能拥有天下。”

梁惠王听后，问道：“那么怎样才能使魏国称雄呢？”

冯谖并没有直接回答，而是进一步问道：“大王知道齐国罢免孟尝君的事吗？”

梁惠王说：“知道。”

冯谖说：“辅佐齐国使之在天下举足轻重，都是孟尝君的功劳。现在齐王听信别人的谗言，罢免孟尝君，孟尝君心中怨恨，一定会背叛齐国。如果他能投奔魏国，齐国的人心自然随之倒向魏国，齐国的国土就在您的掌握之中了，岂止是称雄而已？大王应该赶快派使者带着厚礼，去迎聘孟尝君，千万不要错失良机。否则，等齐王醒悟过来，再次重用孟尝君，那么魏齐两国谁能称雄天下，就未可预知了。”

梁惠王听后很高兴，当即派出10辆车，载着百镒黄金去齐国迎聘孟尝君。

冯谖辞别梁惠王，先行赶回齐国，游说齐王：“天下的游士驱车入齐的，都想使齐国强盛，使魏国削弱；而驱车入魏的则想使魏国强盛，使齐国削弱。这是因为齐魏两国势不两立，一旦魏国强盛，齐国就会因此削弱。现在我听说魏国派遣专使，带10辆车，载着百镒黄金来迎聘孟尝君。孟尝君不去魏国也就罢了，一旦他去辅佐魏王，天下人都会归附于他。到那时魏国强盛，齐国削弱，齐国的临淄、即墨地区就危险了。大王何不在魏国使者到来之前，恢复孟尝君的职位，增加他的封邑，向他表示歉意呢？这样做，孟尝君一定会欣然接受。魏国再强大，又怎么能强请别国臣子去当丞相呢？”

齐王说：“你说得很有道理。”他当即召见孟尝君，恢复他的相国职位和封地，还增加1000户封邑。魏国使者恰好在这时来到齐国，听说此事后，只好无功而返。

在这个事例中，门客冯谖凭三寸不烂之舌，先把已经下野的孟尝君的身价在魏王那里“炒”起来，给齐王施加压力，让齐王认识到孟尝君的价值，这样，齐王才最终再度起用孟尝君。

可见，让自己变得重要会使你的人生之路更加平坦，也可以令你有更大的发展。而实现这一点最好的方法，就是让别人依赖你、需要你，一旦离开你，他的计划就无法进行，他的生活就难以继续。在这样的关系中，只需一个小小的举动，就能带来无数的感激。需要能带来感激，感激却未必能产生需要。

情——重人情，重面子，重关系

人情越大，路子才越宽

我们生活在一个现实的社会。在你无法改变环境的时候，就必须改变自己，努力让自己适应这个社会。如果不想处处碰壁，你就必须懂得一些人情世故。

人情，在中国的表现方式是多种多样的。与领导的关系、与同事的关系、与家人的关系、与朋友的关系、与亲戚的关系、与同学的关系、与老乡的关系……身边的每一个人都要用心维护，否则一个不小心，就会得罪了谁，给自己招来麻烦。

“人情”在社会生活中扮演着重要角色。例如，毕业了想找份好工作，有人推荐就要比自己硬闯有成效；企业之间合作，想拉来大客户，要靠人情；做推销、卖保险，只有维护好人情，才能在工作上顺风顺水。

一个小渔村，由于地处偏僻，人烟稀少，所以通往外界的公交车只有两辆——101 路和 102 路。开 101 路的是一对夫妇，开 102 路的也是一对夫妇。

坐车的大多是一些船民，由于他们长期在水上生活，因此，往往是一家老小一起进城。

101 路的女主人为人很精明，她很少让船民给孩子买票，即使是一对夫妇带几个孩子，她也视若无睹，只要求船民买两张成人票。有的船民过意不去，执意要给大点的孩子买票，她就笑着对船民的孩子说：“下次给我带个小河蚌来，好吗？这次让你免费坐车。”

而 102 路的女主人恰恰相反，只要有带孩子的，大一点的要买全票，小一点的也得半票。她总是说，这车是承包的，每月都要向客运公司交钱，哪个月不交足，马上就干不下去了。

船民们似乎也十分理解，几个人就掏几张票的钱，因此，每次都相安无事。

不过，三个月后，门口的 102 路不见了，听说停开了。因为搭她车的人很少，真应验了她之前的那句话：马上就干不下去了。

故事中，101 路的女主人是把人情作为她竞争的筹码，利用感情投资获胜。

我们可以从两个视角上理解人情：一是你对别人的“情分”，二是别人对你的“情分”。你对别人的“情”施与多了，从对方的角度看，他就欠了你的“情”；如果别人对你的“情”施与多了，从你的角度看你就欠了对方的“情”。一般来说，“人情”是以三种形式互相传递的。

一是以物质形式互相传递。比如你给对方施予钱物，彼此礼尚往来，互助互益，时间长了，互相“人情”越来越重。

二是以精神形式互相传递。比如彼此交流思想，倾诉衷肠，互通信息，相互学习，或者趣味相投，感受相近；或者彼此关爱，相互体贴，相互慰藉。沟通多了，“人情”就自然而然产生了。

三是以互助形式相互传递。比如互相帮忙解决困难，或者为对方成就某种事业出过力、说过话，办过事等，都可以在彼此之间换取“人情”。

作为社会的一员，如果平时不注意人际关系的维护，就可能在自己需要的时候没有人帮助，还可能因为在一些事情上没有给足对方面子而得罪对方，致使他们在你最需要的时候落井下石，破坏了你的机遇。

既然这样，我们一定要在平时做好“人情”的功课。只有这样，我们才能扫除自己在个人发展中的障碍，赢得更多的机会，才能在为人处世中游刃有余。

对待人情必须把握分寸，分清轻重。如果处理不当，即便你给别人施情，别人也不会接受；你向别人求情，别人也不会帮助你。更何况，世上还有很多势利之徒，他们对待人情更是“看人下菜”“树倒猢狲散”，于是有人慨叹“人情有冷暖，世态有炎凉”。人情必须建立在彼此需要的基础上，而且利用人情也要讲究分寸。失了分寸，人情会愈做愈小，路子会越走越窄；得了分寸，人情会愈做愈大，路子会愈走愈宽。所以，如何对待人情是每个人都应该掌握的大学问。

伤什么别伤别人的面子

面子有关个人的荣誉，同时也会关系到实际利益。许多人为了给自己争面子，面对不利的局面硬撑着，于是就有了“死要面子活受罪”的俗语。

其实，面子是最虚无缥缈的东西，有的人为了一时之争，将自己弄得筋疲力尽，到头来只获得了一个空的名头。虽然不能过分追求面子，为此失掉更重要的东西，但是，在平常的人际交往中，面子对每个人来说的确是必不可少的。

我们都不想在别人面前失了面子，所以推己及人地想，在遇到争执和矛盾时也不必咄咄逼人，而应该多给别人留点儿面子。

某家商场来了一位顾客，要求退换她给丈夫买的一套西装。她已经把衣服带回家并且穿过了，但她坚持说“绝没穿过”。

售货员检查了外衣，发现有明显干洗过的痕迹。但是，直截了当向顾客说明这一点，顾客是绝不会轻易承认的，双方可能会发生争执。

于是，机敏的售货员说：“我很想知道你们家的某位成员是否把这件新衣服错送到干洗店去洗过了。我记得不久前也有过同样的经历，我把一件刚买的衣服和其他衣服一起送到干洗店里干洗，回来后才发现这一点。”

顾客见售货员已经揭穿了谎言，并为她找好了台阶，就顺水推舟地收起衣服走了，一切可能引发的争吵就这样巧妙化解了。

售货员正是给了顾客面子，才把一个即将爆发的争执巧妙地化解。在生活中，很多人都会犯各种各样的错误，为了掩饰这些错误，衍生出了种类繁多的借口、理由和谎言。即使我们看穿了这些借口和谎言，也不妨装糊涂，或者用一种更委婉的方式提醒对方。

如果对方是因为一时冲动做错事、说错话、得罪人，就不要一味地以牙还牙，这样会让事情变得更加严重，最后导致双方撕破脸皮，反目成仇。

说话做事的时候要时刻顾及对方的面子，有时候给犯错误的人留面子，也可以使其在内心产生愧疚感，并主动改正错误。

有一位老师曾遇到过这样一件事：

有个女学生向老师反映，她的一支黑色派克钢笔不见了。老师发现坐在女生旁边的那个学生神情惊慌，面色苍白。钢笔十有八九是她拿的。当面指出吧，不给这个学生面子，肯定会伤害学生脆弱的心灵。

于是，老师想了一个办法："别着急，说不定哪个同学拿错了，等会儿在自己的桌子里找到了，一定会悄悄地还给你。"

果然，下课以后，那个拿了钢笔的同学趁旁人不在的时候，赶紧把钢笔送放进那个女同学的笔盒里。

老师为了顾及学生的面子，通过委婉的方式让那个拿别人笔的学生主动承认错误。试想一下，如果老师当时声色俱厉地指出那个学生就是偷笔的贼，将会对这位学生的自尊产生多大的伤害，日后同班同学或许会对其侧目而视，这对他的成长也有很大的负面影响。

在面对别人的错误时，一味地责怪只会让其错上加错，因为很多时候，责怪造成的结果是无法挽回的，不仅使被责怪者产生抵触情绪，也会给别人留下蛮横、暴力的印象。所以，懂得尊重他人，多给别人留一些面子，给别人一个台阶，烦扰的矛盾自然而然就被轻易化解了。

强能力也需有强关系

关系在社会上无处不在。关键时刻，你的关系决定你的成败。

吕后是汉高祖刘邦的妻子，曾辅佐丈夫平定天下，治国理政，表现出非凡的政治才能与不同凡响的政治手腕。

吕后的儿子刘盈性格软弱，得不到父亲的钟爱，所以吕后很为儿子的地位担忧。刘邦的另一位宠妃戚姬生了一个儿子，名叫刘如意，刘邦将其视若珍宝。

戚姬理直气壮地认为，既然她是皇帝最爱的女人，那么她理所当然地取代吕后成为皇后，她的儿子也应该成为太子。

刘邦经常抱着戚姬的儿子说：“唉，只有如意才最像我的儿子呀。”

刘盈的确不像刘邦的儿子，他看到刘邦这个父亲就怕得要命，刘邦见刘盈这副样子就更加讨厌他，一直希望改立如意为太子。

戚姬有了刘邦这种有意无意的纵容，就更加肆无忌惮，开始向吕后动刀子了。

而吕后也不得不逼着自己强大起来，以保护自己的孩子。她利用自己多年的政治远见和手段派叔孙通向刘邦说明不废立太子的理由。叔孙通据理力争，使刘邦大为感动。

吕后明白，自己母子的命运都掌握在刘邦手里，而现在凭着夫妻、父子之情，已经无法打动刘邦，想要取悦已经冷落她多年的刘邦，保住儿子的地位，只有增强自己的实力，在朝廷中扩大自己的关系，使自己的政治圈子越来越强大。

随着刘邦逐渐老去，赵王刘如意也一天天长大，刘盈的太子地位更是岌岌可危。

有一天，刘邦与朝中大臣提及此事，御史大夫周昌表示坚决反对，他说："陛下一定要废太子，臣期不奉诏。"听他这样说，废太子一事就这样搁下了。

吕后得知后，就把握时机，积极向朝中大臣寻求支持。她首先让兄弟建成侯吕泽去找张良，张良本不想介入此事，但拗不过建成侯的一再坚持。同时，张良建议吕泽请当时朝中德高望重的商山四皓出面。

经过商山四皓的教导和潜移默化，刘盈的修养与见识大有长进。有一次刘邦在宫中设宴，见刘盈身边有商山四皓作陪，不由大为吃惊，同时暗自惊讶，看来太子羽翼已丰，自己改立太子的心机是枉费了。

通过这件事，刘邦也感觉到，朝中的大臣们，替皇后办事的，居然比给皇帝办事出力的还要多。直到这个时候，刘邦才如梦初醒，回顾多年来一直被自己忽视的事实。如今满朝文武，都已经是吕后的人，她的力量已经强到皇帝都动不了她。如今，她的势力已成，自己已经无可奈何，纵然有再多主意和手段，也已经无法施展了。甚至连他最信任的张良与萧何，都成了吕后的人。

公元前195年，汉高祖刘邦死于长乐宫，终年六十二岁。太子刘盈顺利登上皇位，吕后成了吕太后。

从这个故事里，我们不难看出，关系有时候决定一个人的成败，关键时刻，它甚至决定一个人的生死，关系的重要性不容小觑。

私人关系永远是一个基础，经济关系等有可能在私人关系下延伸。而所谓“血缘、地缘、业缘”“同乡、同学、同僚”等，都属于私人关系。私人关系的力量在于，能够让一个人相对低门槛地进入一个圈子。至于你能不能得到圈子的信任、与圈子里的人有没有共同语言、能不能遵守圈子共同的游戏规则等则是事在人为。

第二章

聚财先聚人，建立高质量的人脉关系

每个人都有对财富的向往，但许多人还不知道，要想聚集财富，首先要拥有高质量的人脉。高质量的人脉关系绝不仅是认识而已，而是彼此关系的共生与共同成长。

其次，建立高质量的人脉关系也很重要，这种人脉会成为我们事业和成长的有利推手。而如何建立这种高质量的人脉关系，我们一方要将自己打造成高质量的人；另一方面还要学会一些交往技巧，这样才能结交到能够成就自己的人。

好汉离不开帮手，成功离不开朋友

在社会中生存，我们时常需要寻求他人的帮助，借他人之力，方便自己。即使你有很强的能力，也需要别人的帮助。即使我们浑身是铁，也打不了几根钉。只有“利用他人”的能量，我们才能“成材成器”。

这里所说的“他人”只是一个泛泛的概念，有些不着边际，而且这些“他人”大多是你不太熟悉、关系一般的人，不能像朋友一样给予你实际的、具体的帮助。朋友总会给你各种各样的帮助：当你遇到危难时，他们可以帮你排忧解难，渡过难关；当你吉星高照时，他们会为你抬轿捧场。朋友，是一个特定的圈子。圈子虽小，作用却难以估量。

“利用”并不完全是丑恶的，它来源于人们在现实生活中各取所需的关系。一个人，无论是在事业、爱情，还是在生活等各个方面，都离不开人与人之间的相互利用。

在自然界也是如此，动物们相互利用，有利于捕猎、取暖和生殖。狮群首领更是利用狮群的相互关系，以及在这种关系基础上建立起来的秩序和习惯，可以吃到最多、最好的食物，占有最美、最年轻的雌性。要单的动物，被淘汰者居多，无论其多么凶猛强悍，如豹子等。群居动物容易繁衍和生存，如蚂蚁、蜜蜂等，因为它们相互借助了对方的力量，哪怕是极微弱的力量。

就社会和自然状况来看，孤单一人斗不过拉帮结派的。一个人在社会中，如果没有朋友，没有他人的帮助，他的境况会十分平庸。普通人如此，一个想要成就大事业的人更是如此。如果失去了他人的帮助，不能利用他人之力，任何事业的建立都无从谈起。

刘邦出身低微，学无所长，文不能著书立说，武不能舞刀弄枪，但刘邦善用他人，胆识过人。早年穷困时，他身无分文，却敢独座上宾之位。押送囚徒时，居然敢私违王法，纵囚逃散。后来斩白蛇起义，召集四方豪杰，各种背景的人都为他所用。如韩信、彭越、英布，这些威震天下的英雄，原先都是其死敌项羽的手下。至于刘邦身边的文臣武将，如萧何、曹参、樊哙、张良等，都是他早期小圈子里的人，萧何、曹参、樊哙更是刘邦的亲戚。他们在楚汉战争中劳苦功高，最终帮助刘邦建立了西汉王朝。

刘邦能够成就自己的帝王之业，离不开他人的扶持。不仅帝王将相需要借他人之力，就连平民百姓也离不开朋友。人在生活中难免会遇到一些沟沟坎坎，大事小情，自然需要他人的帮助。

俗话说：“一个好汉三个帮，一个篱笆三个桩。”好汉离不开帮手，篱笆也离不开桩的支撑。这都是在讲个人的成就需要利用他人之长，借助朋友之力。

个人大部分的成就总是蒙他人之赐。他人常在无形之中将希望、鼓励、辅助投射到我们的生命中，使我们的各种能力趋于锐利。要善于借助别人的力量，让弱小的自己变得强大，让强大的自己趋于完美，使自己的成功更持久。

共情力，让你成为沟通高手

人与人坦诚相待，真诚相帮，双方才会有“不是亲人，胜似亲人”的感觉。

当自己有不懂的地方向对方请教后，终于解开了疑惑，自己也由此获得知识，你对对方的尊重也会加深。若不然，你既向别人求教，又对别人持轻视态度，谁会买你的账呢？当你将自己的欢悦与困惑向朋友倾诉时，如果你的朋友对你的倾诉不屑一顾，试问，这样的友情还有必要存在吗？

因此，我们应该学会多给予朋友帮助和鼓励，同时，你也会在朋友的帮助和鼓励中达到双方感情上的沟通。

一个人能不能成为沟通高手，与他是否擅长言辞没有任何关系，而是与他有没有共情能力相关。如果这个人没有共情能力，他就不可能是一个沟通高手。因为沟通高手都具备一个共同点，那就是都有同理心，需要知道此时此刻你的沟通对象在想什么。

王经理到达会场的时候，已经是十一点五十分了，按会议流程，十二点的时候要暂时休会，参会人员吃午餐。因为王经理是这次会议的重要嘉宾，正想宣布散会的主持人见到他的到来，便说：王总是我们这次会议的重要嘉宾，平时工作繁忙，难得有机会参加会议。机会难得，我们请王总给我们讲几句好不好？大家鼓掌。

在大家的热烈掌声中，王经理也十分兴奋，于是接过话筒，滔滔不绝地讲了起来，持续了将近一个小时。

如果有人问你，这位王经理会是个沟通高手吗？当然不是。他虽然会说话，有水平，很专业，甚至有威信。但是他不是个沟通高手，因为他的共情能力出了严重的问题，他不知道当时钟的指针指向12点的时候，大家内心有一个强烈的愿望：赶紧吃饭。

所以，如果这位王经理是个沟通高手的话，他接过话筒的时候，就应该意识到留给他的发言时间已经不多了，他的共情能力会提醒他说：接下来我就要马上准备一个5分钟的讲话。

王经理的第一句话一定会说："你看，本来主持人又让我准备个讲话，我准备了一个这么厚的稿子，但是现在已经快十二点了，我不能耽误大家吃午饭，物质食粮和精神食粮同样重要，我不要稿子了，我就讲5分钟好不好？"

这才叫沟通高手，因为他的共情能力非常强。

人与人之间情感的沟通，是交往得以维持并向更为密切的方向发展的重要条件，是人对客观事物所持态度的内心体验。

情感沟通由两部分组成：一是“共鸣”，即对同一事物或同类事物具有相仿的态度及相仿的内心体验；二是“振荡”，即由于“共鸣”而双方情绪相互影响，以达到一种比较强烈的程度。前者是找到共同语言，后者是掏出心来，心心相印。

所谓“同感”，就是对于对方所述，自己表示有同样的想法和经历。要想达到与人情感沟通，就要注意对方。当对方对某一事物表露出一种情感倾向时，你就要对他所说的这件事表达同样的感受，而且激烈一些，于是你们就谈到一起了。

情感沟通的程度，以你每当回忆起这段交往时，所导致的兴奋程度为标准。比如，当你读到友人来信中的下面这段话，你俩的感情就绝不会变得冷漠。

“不知怎的，你在上次谈论中的一举一动、一言一语都给我留下深刻的印象，竟是那么清晰动人。真的，我很高兴与你一起度过了那个下午……”当对方联想到这段交往时，就伴着愉悦的心境，则这种沟通也就达到了。

在与人交往的时候，你多付出一份感情，就能多得到一份回报。情感的往返交流是自然的、真诚的，任何矫揉造作或夸张，都不能收到情感交融的效果。因为“同感”不是违心的附和，而是朋友间的理解，是心灵的沟通。

学会借力，距离成功就更近一些

成功是艰难的，必须脚踏实地、一步一个脚印地走，否则就不会有任何收获，然而事实也证明，并不是所有的成功之路都是

“一分耕耘，一分收获”，有时候，懂得借助别人的力量，成功就可以抄近路。

有这样一则寓言：

鸟儿们争论谁能飞得最高，最后它们决定进行一场比赛。在所有的鸟中，鹰是最自信的，所以它就越飞越高，越飞越高，一直到最后它不能再飞了。

这时其他鸟儿都已经飞回地上，只有鹰仍在天上高高地飞，没有回来。但是鹰没有想到在它的背上趴着另一只很小的鸟。当鹰已经飞不动、不能飞得更高的时候，这只小鸟从鹰的背上飞了起来，飞得比鹰还要高。

这个寓言所说的就像我们的生活，每个人都可以飞得更高。但我们能飞多高在很大程度上需要依靠我们下面的那只鹰。我们凭着自身的能力无法飞到预期的高度，这时候把精力花在埋怨自己天资不够、资历不深上，就会白白地浪费时间。我们应该睁大眼睛去寻找一只可以一起高飞的鹰。工作中的良师、生活中的长辈、志同道合的朋友，都可以带着我们前进。

只要肯求教，肯接受他人的经验，我们就无异于找到了一条成功的近路。

借助他人的声威来提高自己的地位，使所求之人提升对你的评价，那么要让他答应你所请之事也就更加容易。尤其是二十几岁初涉职场的年轻人，能够掌握人脉中的关键性人物，借其声威，对今后在人际关系上的经营具有重要意义，是一种扩展人脉的重要资本。

苏代为燕国去游说齐国，在未见齐威王之前，先对齐威王的重臣淳于髡说道："有个卖骏马的人，接连三天早晨站在市场上，而无人问津。于是他就去见伯乐，并对伯乐说：我有匹骏马想卖掉，接连三天早晨站在市场上，没人跟我说一句话，希望先生能绕着马细看一下，离开时再回头瞅一眼。伯乐看出那马确实是一匹良马便答应了。到了第二天，伯乐绕着马仔细看，离开时又回头瞅了一眼，结果这一天马价竟涨了十倍。现在我想把'骏马'送给齐王看，可是没有替我前后周旋的人，先生有意做我的伯乐吗？"

淳于髡痛快地答应了苏代的请求，入宫劝说齐王，齐王高高兴兴地接见了苏代。

求人办事时，难免会遇到种种事先不可能了解的情况：所求之人为人如何？喜欢什么？讨厌什么？而那位被求之人也不免怀疑：这个人究竟怎样？才能如何？是否诚实可靠？这时，如果有位中间人，互通情报，沟通消息，那么就很容易消除双方的障碍。而如果有一位被信赖或尊敬的人美言力荐，那么，事情就成功一半了。

求人时最好提及一个有威望的"大人物"，这样被求之人才会因此更看好你，也会顾及有威慑力的"第三方"而满足你的要求。

慧眼识才，善于结交"潜龙"

在现实生活中，人们在寻找人脉关系的时候，往往看中已经取得成就或者明显优势的人，这是一种理所当然的心理，然而在这种情况下结交的朋友，通常无法建立起可靠的人际关系。对于已经取得成就或者有明显优势的人，人人都想与他结识，都想与他交朋友。一方面他顾不过来，另一方面他也无法与巴结他的人成为真正的朋友。反之，如果与那些潜力还不能得到发挥的人交往，并成为好朋友，那就可能完全不同了。

我们在识人时，不能只注重其学历、履历，虽然这些也有一些用处，但不是绝对的。一个人只要有潜力，若是稍加勤奋，就一定是可造之才。

李鸿章的淮军收罗了不少猛将，有一次，李鸿章想让曾国藩给他们“相相面”，看看他们的潜力。

这些将领来到安庆集中后，第二天曾国藩就亲自接见，以示重视。当时大概共有十余名将领，其中张树声个子最高领头，刘铭传身材短小殿后，鱼贯而入，进了曾国藩的议事厅，足足等了两个多小时，曾国藩在屏风后面来回踱步，就是不出来。结果张树声最有耐心，而刘铭传则暴跳如雷，口中骂声不绝。曾国藩，对这两个人尤为满意，认为是不可多得的将才。

还有一种说法，一天傍晚，曾国藩在李鸿章的陪同下，悄悄来到淮军的营地，看到淮军的将士们有的赌酒猜拳，有的倚案看书，有的放声高歌，有的默坐无言。其中“南窗一人，裸腹踞坐，左手持书，右手持酒，朗诵一篇，饮酒一盏，长啸绕座，还读我书，大有旁若无人之概。视其书，司马迁《史记》也。”曾国藩在回来的路上对李鸿章说：众位将领都可以立大功、任大事，将来成就最大者，就是那个裸腹读书人。此人即是后来成为淮军名将的刘铭传。

程学启战死后，刘铭传是淮军当之无愧的第一名将，也是李鸿章的看家之宝。曾国藩发现的这一个人才，从某种意义上说，也成就了李鸿章的功名事业。

刘铭传，字省三。安徽合肥人。从小便胸怀大志。咸丰四年（1854），太平军攻陷庐州，安徽地方乡团筑起堡垒进行自卫。刘铭传的父亲刘惠世被其他堡的豪强之人侮辱，刘铭传当时只有18岁，但他却追赶数里杀死了那个人，为父亲报了仇，从此他便被各乡团推重。后来他跟随清军攻克了六安，援救寿州，清廷为奖励他的战功，提升他为千总。

同治元年（1862），刘铭传率练勇跟随李鸿章到达上海，他的部众号称“铭字营”。在作战中接连胜利，收编了不少太平军，势力越来越大。两年间，他被迅速提升为记名提督。不久他又攻克无锡，朝廷加赏他头品顶戴。

同治三年（1864）春天，刘铭传率军攻占了常州，杀死太平军守将陈坤书，因战功被赐黄马褂。

同治四年（1865），曾国藩率军围剿捻军，因为湘军被裁撤大半，淮军就成了主力部队。刘铭传是淮军诸将之首，因此也就成了曾国藩的主力。在作战中多次击败捻军，被提升为直隶提督。由于捻军善于流动作战，清军也屡屡受挫，曾国藩便和刘铭传商定了“河防之计”，以静制动，逐渐把捻军逼到绝路上。

曾国藩对其他一些淮系将领如郭松林、潘鼎新等都不是很满意，但对刘铭传是很看重的，对他的评价也很高，在给李鸿章的密信中，多次称赞过他。

刘铭传对曾国藩也很敬服，乐于听从他的指挥。他还虚心好学，特别喜欢作诗，经常把自己的新作交给曾国藩，请他指正。曾国藩也给了他不少指导，刘铭传虽然忙于战事，但文采也有很大的进步，后来还留下了诗集，得到很多著名诗人的赞赏。

曾国藩离开徐州担任直隶总督后，李鸿章接替曾国藩镇压捻军，刘铭传接着执行“河防之计”，最终将这场轰轰烈烈的农民起义镇压了下去。刘铭传的战功显赫，是这次胜利的第一功臣，曾国藩和李鸿章联名上奏，朝廷下令封他为一等男爵。

曾国藩去世后，刘铭传又多次担任要职，他是中国近代提议兴修铁路的第一个政府高级官员，说明他是有远见的。而他在中法战争和保卫台湾中所作的贡献，也证明了曾国藩对他的赏识和期待。

曾国藩看人不看其具体经历，而是一下子看透这个人的潜力和前途。他亲自为李鸿章挑选了部下，这些人不但为李鸿章打开了局面，还保全了曾国藩的后路。

主动吃亏送人情，好人缘自然来

积少成多的道理大家都非常清楚，一点一点积累，最后收获很多。其实，在储蓄人情的诸多方法中，积少成多也是非常重要的一种。具体就是，时不时地故意让别人占你一点小便宜。

陈老与纪伯是邻居，某天夜里，纪伯偷偷地将隔开两家的竹篱笆向陈家移了移，以便让自己的院子宽一点。不过由于是深夜，纪伯只移动了一点点。

陈老虽然看到了这些，但他故意视而不见。

第二天夜里，纪伯又偷偷地将竹篱笆向陈家移了一些，不过仍然进行得比较吃力。陈老看在眼里，在纪伯走后，他将篱笆又往自己这边移了一丈，使纪伯的院子更宽敞了。

第三天一早，纪伯发现后，很是惭愧，不但还了侵占陈家的地，而且还将篱笆往自己这边移了一丈。

陈老故意让纪伯占点小便宜，纪伯却因陈老的谦让感到内疚，产生了“以小人之心，度君子之腹”的感觉，认为自己欠了陈老一个人情债。每当想起此事时，他总是会想法报答纪伯。

人情债就是这样，一点一点地放，虽然每次看上去很少，但经过积累，对方最终欠你的就多了，日后对你的报答当然也不会太少。这一点，不仅在日常交际中非常重要，在经商中同样重要。

徐先生在广州开了一家海鲜酒楼，叫南海渔村。后来经营上遇到了问题。一天，他在同一条街上看到两家时装店，一家生意兴旺，另一家却相当平淡。

这是为什么呢？他走进那家旺店一看，店里除了高档货外，还有几款特价服装。

他受到了启发，于是就创出了“海鲜美食周”的点子——每天有一款海鲜是特价的，售价远远低于同行的价格。当时，基围虾的市场价格为500克38元，徐先生就把它们降到28元。不仅如此，结账时，他还将每位顾客消费的十元以下的零钱全部抹掉。有些常客几乎三天两头就过来买，他仍然次次见零钱就抹掉，有些常客开玩笑地说：“你长期这样给我抹钱，都抹掉几斤大虾了！”而徐先生每次都是一笑而过。

不出所料，这两招一举成功，很多食客就冲着那一款特价海鲜，走进了南海渔村大门。降低价格，原来是准备亏本的，但由于吃的人多，每月销出 4 吨基围虾，结果不但没亏本，而且赚了钱。

自此以后，南海渔村门庭若市，顾客络绎不绝。

徐先生作为饭店的经营者，之所以能够成功，就是在人的“贪便宜”“好尝鲜”的本性上做足了文章。因为贪便宜，一看到原本 38 元一斤的基围虾跌到 28 元一斤，于是人们便蜂拥而至，再加上老板大方地抹掉零钱，酒楼自然就出了名，大把的钱也就自然流入徐老板的腰包。

由此可见，积少成多地放人情债的方式备受人们欢迎，更重要的是它在维持人际关系方面非常奏效。

当然，让别人占点便宜并不是要大家随时随地去吃亏。吃亏是有学问，有讲究的。我们要学会吃亏，要吃在明处，至少你应该让对方心中有数。这样才能让别人觉得欠你人情，以后你若有求于他，他才会全力以赴。

不唱独角戏，学会价值互换

我们常说“我好像被某某利用了”，其实如果你换个角度思考问题的话就会发现，因为自己有价值才会被利用，被利用正好证明了自己的价值，没被利用反而说明你没有多少价值，至少没有被利用的价值。

“狼狈为奸”的勾当是令每个人所不齿的，但是反过来想一想，狼和狈为何要相互勾结呢?

狼和狈是两种长相十分相似的野兽，它们的口味也极其相似——都喜食猪、羊等动物。唯一不同的是：狼的两条前脚长，两条后脚短；而狈是两条前脚短，两条后脚长。

一到夜晚，狼和狈就出来一起去偷猪、羊等家畜。有一回，一只狼和一只狈共同来到一个羊圈外，看到羊圈中有很多又壮又肥的羊，非常想偷吃。但是羊圈的墙和门，都很高，它们使尽了各种办法，费尽力气还是进不去。

于是，它们就想了一个办法。先由狼骑到狈的脖子上，然后狈站起来，把狼抬高，再由狼越过羊圈把羊偷出来。

商量过后，狈就蹲下身来，狼爬到狈的身上。然后，狈用前脚抓住羊圈的门，慢慢伸直身子。狈伸直身子后，狼将脚抓住羊圈的门，慢慢伸直身子，把两只长长的前脚伸进羊圈，把羊圈中的羊偷了出来。

这样偷羊的事，狼和狈经常互相利用对方才得以成功。如果它们不这样相互让对方利用，谁都不能把羊偷走，任何一方都要挨饿。正是由于狼和狈互相成功利用，农民大受损失，所以就有了后来的“狼狈为奸”。

其实，这个故事蕴含着意味深长的道理。两种不同的动物，为了一个共同的目标走到了一起，学会了合作的技巧，懂得了取长补短。在利用对方的同时也谋得了自身的利益，达到了共赢的目的，是一种十分聪明的做法。

从另一个角度来看，现实生活中，我们被人利用没有关系，关键是要在被利用中发现自己的价值和不足，然后学会反过来利用他人，这个社会不是一个人的独角戏，会合作的人才会实现利益的最大化。不要重演“三个和尚没水喝”的故事，怕被利用的心理，只能造成“1+1+1=0”的结果。

人是群居性的动物，每个人都在社会这个大家庭中生活，彼此隔绝是不可能的，每个人都需要团队，每个人都需要合作。

随着知识经济时代的到来，竞争日趋紧张激烈，各种新技术、新知识不断推陈出新，市场化需求越来越多样化，使得现代企业管理面临的环境和情况越来越复杂。在很多情况下，单靠一个人的力量很难完成对各种错综复杂信息的处理和解决，更不可能采取切实、高效的行动，这就需要依赖组织成员之间的相互合作、相互关联、协调行动，以解决各种复杂的难题，保持组织的应变能力和源源不断的创新能力。

团队合作在当代的市场经济和人际交往中显得格外重要，一个不懂得团队合作、不善于团队合作的人不是一个聪明的人。“滴水不成海，独木难成林”，只有团队之间真正的合作，才会汇成一股强大的力量，实现最终的目标。

有时候，不妨被人利用，因为相互被“利用”后才会产生“1+1>2”的成效。在成就他人的同时，也成就了自己。

走路靠自己，引路靠贵人

即使你有旷世的才华，有足够的胆识和谋略，但是不展示出来，你的一切能力别人不一定能看到，只有你自己清楚。当今时代是一个追求效益的时代，让别人看到你的存在，看到你的成绩，你将有意想不到的收获。所以，满腹才华的你，如果遇到了能够发现并赏识你的贵人，结果就会有很大不同。

盛唐时期，诗人王维想参加科举考试，于是请岐王向当时权势大的一位公主疏通关节，事先向主考官推荐。可是公主早已答应别人，推荐了一位叫张九皋的人。岐王也感到十分为难，他对王维说："公主性情刚强，说一不二，想强求她改变主意帮你引荐，实在不容易。我给你出个主意：你将写得最好的诗抄下十来篇，再编写一曲凄楚动人的琵琶曲，五天以后你再来找我。"

五天后，王维如期而至。岐王将王维打扮成一名乐师，携了一把琵琶，一同来到公主的府第。岐王事先对公主说："多谢公主予以接见，今日特地携了美酒侍奉公主。"说罢便令人摆上酒宴，乐工们也依次进入殿中。

年轻的王维容貌秀美，风度翩翩，引起了公主的注意。她便问岐王："这是什么人？"

岐王道："他是一个在音乐方面颇有造诣的人。"

王维演奏了一首琵琶曲，曲调凄楚动人，令人击节叹息。这首曲子是王维新近创作的，他演奏起来自然得心应手。

公主非常喜欢这首曲子，于是迫不及待地问王维："这首曲子叫什么名字？"

王维马上立起身来回答："叫《郁轮袍》。"

公主对王维更感兴趣了。岐王乘机说道："这个年轻人不仅曲子演奏得好，还会写诗，在诗歌方面至今没有人能超得过他！”

公主越发觉得好奇：“现在你手里有自己写的诗吗？”

王维赶忙将事先准备好的诗从怀中取出，献给公主。公主读后大惊失色，说道：“这些诗我经常诵读，一直认为是古人的佳作，没想到竟然是你写的？”于是，岐王让王维换上文士的衣衫，再次入席。

王维风流倜傥，谈吐风趣幽默，在座的皇亲国戚纷纷向他投去钦佩的目光。

岐王趁热打铁，说道：“如果这个年轻人今年科举考试得以高中，国家肯定又会增添一位难得的人才。”

公主问：“为什么不让他去应试？”

岐王道：“这个年轻人心高气傲，如果不能得到最为尊贵的人推荐考中榜首，宁愿不考，可听闻公主已推荐张九皋了。”

公主连忙笑道：“这没关系，那是我受他人所托才办的。”接着，她又对王维说：“你如果真的想考，我必定为你办成这件事。”

王维急忙起身道谢。公主立刻命人将主考官召来，派奴婢将自己改荐王维的意思告诉了他。于是，王维一举成名。

王维得到了公主的赏识，从此以后，他的才华得到了世人的肯定，也给自己的满腔抱负找到了出口。

生活中的我们也是一样的。不要以为自己有才华，就可以傲视一切、目中无人，而应该主动找寻你的贵人，让他发现你、肯定你，并给你指明一条发展的道路。因为只有这样，你的才能才不会被埋没，你才能摆脱“怀才不遇”的苦恼，一步一步地走向成功。

经营自己的长处，吸引更多追随者

很多时候，我们费尽心思去远方寻找，希望能找到一个充满矿藏的宝库，却忘记了珍惜和开发自己身边的矿藏。

我们经常想吸引更多追随者，却发现愿意追随自己的人很少，甚至是门可罗雀。这个问题产生的原因在于，我们过多地关注了外面，而忽略了自身可以发挥的优势。其实，任何一个人，无论是普通劳动者，还是残疾人，他都拥有自己的“超级矿藏”，只要努力去挖掘，就能发现其中的无价之宝，从而让更多的人追随自己。

李扬是中国著名的配音演员，被戏称为“天生爱叫的唐老鸭”。

李扬初中毕业后参军，在部队当一名工程兵，他的任务是挖土、打坑道、运灰浆、建房屋。可李扬明白，自己身上潜在的“超级宝藏”是影视文艺和文学艺术。

在一般人看来，这两种工作简直是风马牛不相及。但李扬通过智慧的灵光感应到了自己的潜力，他决心把这座“宝藏”开发出来。于是他抓紧时间工作，在业余时间认真读书看报，博览众多的名著剧本，并且自己尝试着搞创作。

退伍后，李扬成为一名普通工人，但他仍然矢志不渝地追求自己的目标。没过多久，大学恢复招生，他考上了北京工业大学机械系，成了一名大学生。从此，他用来开发自己身上的“超级宝藏”——影视艺术的机会增多了。

经几个朋友的介绍，李扬在短短五年中参加了数部外国影片的译制录音工作。这个业余爱好者凭借生动、俏皮的配音风格，参加了《西游记》中美猴王的配音。

1986年初，李扬迎来了自己事业中的辉煌时刻，风靡世界的动画片《米老鼠和唐老鸭》招聘汉语配音演员，风格独特的李扬被美国迪士尼公司相中，给唐老鸭配音，从此一举成名。李扬说，自己之所以成功，是因为从来没有停止过挖掘自己的潜能。

有的人在做事的过程中，到处去找可用的资源，包括人际关系、物质支持等，但是对自己身边的资源却熟视无睹，没有充分地去挖掘，结果，浪费了很多的精力与时间。其实，只要好好地挖掘，全面盘点自己的已有资源，就能找到属于自己的“钻石”，从而提高自己的做事能力，达到自己的目标，包括职位的上升和财富的增加。

在每个人的心灵中，都埋藏着一座“超级矿藏”，不管你有多“矮”，都拥有这么一座“矿藏”。问题的关键在于，你能否把它开发出来。成功开采的，是强者；惰于挖掘的，便是弱者。

每个人都有一笔丰富的资产，如果你不善于去发现并运用它，它就会沉睡在一个永远被人遗忘的角落。盘点生命的资产，会让你感到自己并非一无所有，会让你看到自己的生活中还有无穷的、可以支持你的力量。只要你清点自己所有的资产，就会发现，你还有很多可以运用的资本。

每个人都有自己的资源和优势，如果我们善于利用这些优势，就能让众多的人仰慕我们、追随我们。

第三章

塑造百万形象，举止得体更受欢迎

有人说，一个人只有看起来像成功人士，然后才能变成成功人士。这话有一定的道理。你的形象是与陌生人见面、对方对你的第一印象，而这个印象很容易深入大脑，非常难以改变。透过你的形象，别人一眼就能看出你是什么样的人，决定是否和你继续交往。

一个人如果拥有良好的外在形象，那么他在各种应酬的场合，会变得更加游刃有余。不过，要想提高个人形象，并非一朝一夕，它需要我们用时间和精力去塑造。

相见前 7 秒，决定了你的吸引力

人与人的交往，第一印象非常重要，尤其是在初次见面的时候。

第一印象是我们向别人展示自我的一个重要窗口。只要我们能给别人一个良好的第一印象，别人就会被我们的吸引力牢牢吸引住，大家也会觉得和这样的人交流讨论是一种享受，我们就可以和对方展开交流的话题，从而在交流中来获取我们想要的信息。

研究证明：产生第一印象的 7 秒钟可以保持 7 年。人的第一印象一旦形成，就很难改变，如果第一印象不好，后面的事情就可能泡汤、失败。

一个业务员的失败，80% 是因为留给客户的第一印象不好。也就是说，在你还没开口之前，别人就把你给否定了。

不知大家是否有过这样的经历：在电话里跟一位女士谈得很好，对方的声音很甜。这时，你在心里就会有种种猜想，比如，猜想她长得肯定跟她的声音一样美，一样漂亮；她的素质一定很不错；她的气质一定会很高雅等，就会有一种想和她见面的冲动，希望很快见到她，这是一种正常心理。

但有的时候，一旦见了面，或者还没见面，远远地看见，就可能使你大失所望，没有了兴趣。为什么？具体也说不清楚，就是一种总体的感觉。这种感觉和原来的想象有很大的落差。只是在一瞬间，脑子里便会闪出一个非常感性的决定：不行，这人不行。

心理学家研究发现，人们的第一印象是非常短暂的，只有几秒到几十秒。也就是说，在如此短暂的时间内，人们就对你这个人盖棺定论了。

在心理学中，第一印象被称为“首因效应”，无论它是正确的还是错误的，大部分人都依赖于第一印象的信息，而第一印象的形成对于日后的决定起着非常大的作用。它比第二次、第三次的印象和日后的了解更重要。第一印象的好与坏几乎可以决定人们是否能够继续交往。

一位教师在他教了多年的书之后才觉得教学并不适合他，于是他辞掉了自己的工作，去找了新的工作。

有一天，他突然接到一个电话，叫他去一个很有名气的单位面试。教师非常高兴，于是换上正式的西装，开车前去参加面试。但是途中，汽车坏了，而四周又没有修车店，他只好亲自动手进行维修。

幸好汽车出的问题不大，这位教师很快就将其修理好了，不过却弄得满身油污。如果回家去换，势必会迟到。经过一番思考，这位教师决定径直前去面试。

后来，当教师把满是油污的手伸向面试官的时候，面试官退避了两次，一次是因为其油腻的手，另一次是因为他因修车而变脏的衣服。最终，公司没有录用这位离职的教师。这位教师很失望。这是他进入这家单位的良好机会，而他却把事情弄糟了。

尽管人们理直气壮地告诉别人，不要仅凭一个人的外表妄下结论。但事实是，全世界的人都在这么做。

可见，第一印象对于人们来说起着至关重要的作用，但常常被人们所忽视。如果你不想失去任何成功的机会，如果你想在人际交往中如鱼得水，那么请别忘记第一印象的作用，并且要努力给别人留下良好的第一印象。

请在形象名片上多下功夫

在社会交往活动中，要想给对方留下美好而深刻的印象，外在的美固然重要，而高雅的谈吐、优雅的举止等内在涵养的表现，则更为人们所喜爱。这就要求我们应当从举手、投足等日常行为方面有意识地锻炼自己，养成良好的站姿、坐姿、行姿，做到举止端庄、优雅得体。

人们经常会有这样的体验，喜欢某个人，往往不是喜欢对方漂亮的外表，而是对方那通体的气质所着迷。这也正应了那句话：一个人的真正魅力主要在于特有的气质。

所谓气质美，主要表现在言行举止上，一举手、一投足，说话的表情，待人接物的分寸，皆属此列。朋友初交，互相打量，立刻产生好的印象，这种好感除了言谈之外，便是气质的潜移默化。

说一个人气质高雅，突出的表现在于：仪表修饰得体，言辞幽默不俗，态度谦逊，待人接物沉着稳定、落落大方、彬彬有礼，让人一见肃然起敬。站在这样的人面前，如同走进一座典雅的殿堂，令人自然脱去几分俗气，平添几分庄重。

下面就介绍一下关于站、坐、行三方面的基本举止礼仪。

1. 站如松

所谓站如松，是指站姿要正要直。人的正常站姿，也就是人在自然直立时的姿势。其基本要求是：头正、颈直，两眼向前平视，闭嘴、下颌微收；双肩要平，微向后张，挺胸收腹，上体自然挺拔；两臂自然下垂，手指并拢自然微屈，中指压裤缝；两腿挺直，膝盖相碰，脚跟并拢，脚尖张开；身体重心穿过脊柱，落在两脚正中。从整体来看，形成一种优美挺拔、精神饱满的体态。

在站立时，切忌无精打采地东倒西歪，耸肩勾背，或者懒洋洋地倚靠在墙上、桌边或其他可倚靠的东西上，这样会破坏你的形象。

站立谈话时，两手可随谈话内容适当做些手势，但在正式场合，不宜将手插在裤袋里或交叉在胸前，更不要下意识地做小动作，如摆弄打火机、香烟盒，玩弄衣带、发辫、咬手指甲等。这样，不但显得拘谨，给人以缺乏自信和经验的感觉，而且也有失仪表的庄重。

2. 坐如钟

所谓坐如钟，是指坐姿要端正。人的正常坐姿，在其身后没有任何依靠时，上身应挺直稍向前倾，头平正，两臂贴身自然下垂，两手随意放在自己腿上，两腿间距与肩宽大致相等，两脚自然着地。背后有依靠时，在正式社交场合，也不能随意把头向后仰靠，显出很懒散的样子，这就是我们常说的“坐有坐相”。

但在日常生活中，我们不可能处处表现出一种端庄稳重的姿态。但是为了保证坐姿的正确优美，还是必须注意以下几点：

一是落座以后，两腿不要分得太开，这样坐的女性尤为不雅。二是当两腿交叠而坐时，悬空的脚尖应向下，切忌脚尖向上，并上下抖动。三是与人交谈时，勿将上身向前倾或以手支撑着下巴。四是落座后应该安静，不可一会儿向东，一会儿向西，给人一种不安分的感觉。五是坐下后双手可相交搁在大腿上，或轻搭在沙发扶手上，但手心应向下。六是如果座位是椅子，不可前俯后仰，也不能把腿架在椅子或沙发扶手上或架在茶几上，这都是非常失礼的动作。七是端坐时间过长，会使人感觉疲劳，这时可变换为侧座。八是在社交和会议场合，入座要轻柔和缓，离座要端庄稳重，不可猛起猛坐，弄得座椅乱响，造成紧张气氛，更不能带翻桌上的茶杯等用具，以免尴尬。

总之，坐的姿势除了要保持腿部的美以外，背部也要挺直，不要驼背，含胸曲背。坐时如两边有扶手，不要把两手都放在两边的扶手上，给人以老气横秋的感觉，而应轻松自然、落落大方，方显得文静优美。

3. 走姿优美

行走的姿势是行为礼仪中所必不可少的内容。每个人行走的时间比站立的时间要多，而且行走一般又是在公共场所进行的，所以要非常重视行走姿势的轻松优美。

走路时，两只脚所踩的是一条直线，而非两条平行线。特别是女性走路时，如果两脚分别踩着左右两条平行线走路，是有失雅观的。

此外，走路时，膝盖和脚踝都要富于弹性，两臂应自然、轻松地摆动，使自己走在一定的韵律中，显得自然优美；否则，就会失去节奏感，显得非常不协调，看起来会很不舒服。正确的走路姿势应是：轻而稳，胸要挺，头抬起，两眼平视，步度和步位合乎标准。

优雅的举止有助于形成高雅的气质。而气质高雅的人往往受人尊重、喜欢。

大家都认为这样的人办事稳重，有分寸，有高度的责任感。所以，许多大公司经常委派这样的人员负责公关部的接待工作，用以树立公司的形象，赢得客户的信赖与合作。拥有这种气质的人，在工作中业绩往往比较突出。因为这种气质给人的感觉是诚恳、实在、不虚妄，容易让人产生信任感。信任人同信任产品一样重要，人们接受你的产品，首先要接受你这个人。

在社交场合，人们不仅要注意自己的举止风度，而且更应该从理想、情操、思想学识和素质上努力完善自己、培养自己，使外在举止风度美的绚丽之花开在内在精神美的沃土之上。

举手投足间尽显迷人风采的人们，必然会以其优美的举止言谈、高尚的品德情操，赢得更多人们的喜爱，从而拥有更为丰富的人脉资源。

你的修养，藏在你的声音里

西方的一些沟通专家把声音誉为“沟通中最强有力的乐器”，然而很多人却不知道自己的声音是坏了的乐器发出的噪声，其恐怖程度可媲美“超声波”，常常令周围人深感头痛。

蔺戴是公司新来的员工，刚刚大学毕业，性格活泼好动。这天公司在附近餐厅举办迎新会，以便新员工与老员工进一步交流，为以后的共事合作打下基础。

蔺戴作为新员工代表发言，可能是性格原因，也可能是想在大家面前出出风头，蔺戴开始了她的即兴演讲，只见她侃侃而谈，超高分贝的声音震慑全场，甚至连玻璃杯都在隐隐颤动。

或许是对自己太过自信，蔺戴发表了半小时的演讲后还意犹未尽，丝毫不理会，主持人在一旁朝她使了半天眼色，她还在那里没完没了地讲，经理看了直皱眉头，在场的其他同事碍于情面又不好捂住耳朵，邻近门边的同事都借故闪出了门外。

蔺戴原想通过即兴发言给大家留下一个好的印象，谁知由于她的声音过于刺耳，反而让人感到不舒服，更何况她完全忘记了自己所处的场合和自己的身份，只顾没完没了地“自我表现”，怎么能不让人头痛呢？

语言沟通在宴会中是必不可少的，所以，我们必须注意塑造自己的声音。

要知道，动听的声音应该是饱满的、充满活力的，能够调动他人的情感，引起他人的共鸣。

如果不注意声音的塑造，以尖锐的声音去获取别人的注意力，只会在不经意间毁坏自己的形象。毕竟谁愿意让令自己头痛的“超声波”刺激自己的双耳、扰乱自己的听觉神经、破坏自己的情绪呢？

所以，无论你在什么样的社交场合，无论你是男士还是女士，都要注意在社交进行中以生动的声音表现自己，尽量避免地方口音，力求以抑扬顿挫的声调表现自己充满激情的精神风貌，并且要明确自己的身份以及与宴会的目的，把握好音量，切忌“不拘小节”，以“超声波”蹂躏宴会上的其他人，惹人生厌。

做西装“达人”，当应酬“标兵”

“西装革履”常用来形容文质彬彬的绅士俊男。西装的主要特点是外观挺括、线条流畅、穿着舒适。若配上领带或领结后，则更显得高雅大气。

有经验表明：当一个男士以不同的仪表装扮出现在同一个地点，得到的反馈也有所不同。当他身着西装以绅士面孔出现时，无论是向他问路还是打听事情的陌生人都会彬彬有礼，显得颇有素养；当他装扮成流浪者模样时，接近他来对火或借钱的人以无业游民居多。

这并不是鼓励人们在商务应酬中以貌取人，而旨在说明商务应酬中仪表表达出的意义胜过语言，完全可以展现一个人的灵魂和内在气质，决定你是否能获得别人的好感。

尽管如此，在人际交往中，许多人还是会因为西装穿着上的失误，严重破坏了自己的形象。下面我们就来看一看，哪些西装穿着的细节会成为你形象的败笔。

1. 西装大了一号

在与人交往时，一个人如若穿着大一号的西装，往往显露出一种“小人穿大衣”的滑稽感。在选择西装的尺寸时，第一要点是合肩、笔挺合身，长度是把双手垂下，衣长刚好到臀部下缘为宜，或差不多到手自然下垂后食指第二关节处，袖长刚好到手掌虎口，或衣服下摆与拇指处齐平，过长或过短都不合适。

2. 颜色花色不考究

有些人喜欢追逐时尚潮流，为了显示自己的时尚品位，穿一些时尚的、色彩鲜艳的或发光发亮的西装，前去参加应酬，却遭人鄙夷。这是因为他们不知道西装穿着的颜色搭配讲究三色原则和三一定律。

三色原则是指男士穿西装时全身颜色必须限制在三种以内；三一定律是男士穿西装时必须保证全身三个部位的色彩协调统一，即鞋子、腰带、公文包的颜色必须统一。

3. 扣子通通扣上

交际应酬时，穿西装出席是一种稳重、专业的表现，主要目的不是御寒。

如果把西装的扣子通通扣上，这是极其失礼的行为，必定会在客户心中留下不懂礼仪的坏印象。一般来说，穿西装时，单排单颗扣时，可扣可不扣；双颗扣时，则可以全扣；三颗扣以上，宜保留最下面一颗不扣；但双排扣时，则一定要扣。

4. 保留袖口卷标

品牌西装的袖口处都会有品牌卷标，在穿西装前一定要把它去掉，否则你将在应酬场上落人笑柄。无论你买的西装价值如何昂贵，都要放弃炫耀的念头，去掉袖口的品牌卷标，才不至于在客户面前失礼。

5. 大肚腩遇上三颗扣

应酬场上，如果你发现客户的大肚腩被紧紧地绷在一件三颗扣的西装之中，你是不是会为他紧张，感觉扣子随时都可能崩开，你心里的鄙夷之情顿生：这人会不会穿西装？如果一个人身材肥胖，就应选择双排扣西装，给人稳重感，要避免穿腰身过于明显的西装，特别是三颗扣以上款式，容易自曝缺点，造成别人视觉上的压力。

6. 衬衫过于破旧

穿西装时，不仅要注重外在的西装美，也要注意内在的衬衫美。许多男士总以为穿在外套内的衬衫就算有些小污点、磨了边应该不至于影响体面的外观，然而这正是容易给人一种不修边幅的表现，特别是领口的磨损更是明显。一般来说，衬衫袖长超过西装袖长约 0.5 ～ 1 厘米为美观与礼貌。

此外，穿西装不能搭配短袖衬衫。

7. 鼓起的西服口袋

平时的生活中，男士会在衣服口袋塞满钱包、钥匙、手机、零钱等物品，但在穿西装参加商务应酬时，你鼓起的西装口袋就会彻底破坏西装的优雅质感，最好选一个质感不错的皮质提包来放置。

8. 黑皮鞋搭白色运动袜

应酬时，西装革履的你却伸出了一双白色运动袜搭配运动鞋，或是白色袜子搭配黑色皮鞋的脚，你在客户心目中的形象就开始急剧下降。一般来说，穿西装时，应穿黑色、灰色等深色袜子搭配黑色皮鞋。

看似小小的西装穿着细节，却大大影响着你交际应酬的成败。从现在开始，关注这些细节，做一个西装达人，才能当好应酬标兵。

饰品失礼，“画虎不成反类犬”

在人际交往的过程中，女士的着装尽管要求端庄大方，但仍旧以展示女人的柔美为原则。正如一个著名的公式所说：三分姿色 + 一分化妆 + 二分服装 + 二分首饰 + 二分手袋 = 十全十美的女人。

由此可知，首饰虽小，但在打造一个美人的十分姿色中占据了两分。只要女士将饰品点缀得恰到好处，便可夺取二分，实在比那三分姿色要来得容易。

但是，假若你不懂得饰品佩戴的一些原则，而是盲目跟风，或者是单凭个人喜好，随意佩戴，在应酬时就可能因饰品失礼，闹出“画虎不成反类犬”的笑话，你在客户心目中的形象也大大减分。

方小姐作为一家公司的英文翻译，经常需要和经理去见客户。方小姐本人对穿衣戴帽也很在行，她会针对不同的客户穿不同的衣服。

一次，方小姐和经理去跟一个外商谈业务。方小姐选择了一件浅白色的碎花短旗袍，下面搭配了一双白色高跟皮鞋，中国情调十足。正好前段时间方小姐过生日，好友赠送了一枚夸张的骷髅头胸针，款式十分别致，方小姐特别喜欢，这段时间天天都佩戴着。这次的旗袍打扮，方小姐也没忘记别上这枚骷髅头胸针。

方小姐和经理此次前去拜访的外商是英国人，他们刚一见面，方小姐的衣着就引起了英国商人的注意，刚想夸方小姐真会穿衣服之类的，却又一眼看到了那枚夸张的骷髅头胸针，欲言又止，原本欣喜的神色顿时又黯淡了下来。

在接下来的谈判中，那位英国商人的情绪不高，多少显得有些敷衍。最后，这次谈判双方终究未能达成协议。经理大为不解：原来还谈得好好的，英国商人兴趣很高，怎么这次见面他的态度这么冷淡？

事后，经理从那位英国商人的中国翻译那得知，原来那位英国商人极其注重服装礼仪，那天方小姐在极具中国风情的旗袍上点缀了那么夸张的一枚骷髅头胸针，显得十分突兀，甚至有些不伦不类，十分碍眼，当时就让英国商人倒了胃口，失却了谈判的兴致。

方小姐怎么也想不到，她的一枚胸针，竟毁了一桩生意。

应酬时，女士不想让自己的商务着装显得平庸乏味，可以适当选择一些饰品，以达到“画龙点睛”的点缀效果。但如果选择了不合适的饰品，不仅不能“画龙点睛”，而且会“画虎不成反类犬”，遭人笑话。

饰品之所以越来越引人注意，主要有两个方面的原因：

第一，它是一种无声的语言，可借以表达使用者的知识、阅历、教养和审美品位。

第二，它是一种有意的暗示，可借以了解使用者的地位、身份、财富和婚恋现状。

这两种功能，特别是第二种功能，是普通服装所难以替代的。

一般来说，女士在选用饰品时，讲究点到为止，不同种类的饰品尽量只选择一件，不可多用，比如，戒指一只、项链一条、耳环一对、手表一块、手镯一个、胸针一枚等，全身上下的饰品最多不超过三件。避免选用款色太过时尚、色彩超时尚绚丽的饰品，以免有失商务人士的稳重感。

妆不出好气色，哪有贵人来

我们在看到别人的第一眼时，都希望别人能打动自己；同样的，我们也希望自己能打动别人，这点对求人办事是很重要的，如果我们能打动别人，那么对方很自然地会帮助我们。反之，如果我们让别人看一眼就不想再看第二眼，那事情很难有指望了。

俗话说："相由心生。"这句话的意思是说我们的容貌是在父母给的基础上自己塑造的。人人都想看到也想拥有动人的容貌，从古至今都是如此。人们往往都很重外表形象，殊不知很多人都会下意识地把一些正面的品质加到外表漂亮的人身上，像聪明、善良、诚实、机智等。

形象就是一种魅力，运用形象的魅力是杰出领袖的智慧之一。形象所产生的巨大领导力和影响力使世界上成功的巨人们无不在乎自己的形象。

人际交往中，求人办事时，形象同样具有重大的作用。下面这个例子就很能说明问题。

> 1999 年，在中国网络腾飞时代，一位英国华裔投资商到了北京的中关村，与一位电脑才子洽谈投资。事后，他说："我怎么也不能相信头发如干草，说话结巴的人会向我索要 500 万美元的投资，他的形象和个人素养都不能让我信服他是一个懂得处理商务的领导人。"自然，谈判结果就可想而知了。

所以在办事前，我们应该先把自己的仪表、形象修饰好。"欲把西湖比西子，浓妆淡抹总相宜"。我们只有掌握修饰美的"修饰即人"的指导思想及"浓淡相宜"的美学原则，才能使美的修饰映照出一个人蓬勃向上的精神风貌，才能帮助我们提高办事的成功率。

“修饰即人”是说修饰美能反映一个人的追求及情趣。《小二黑结婚》里的“三仙姑”，醉心于“老来俏”，可是，“宫粉涂不平脸上的皱纹，看起来好像驴粪蛋上下了霜”这样的打扮如果说是跟她的年龄、身份不符的话，那么这和她这个人物的虚荣、轻浮和愚昧的人格倒是挺相称的。

美的修饰要考虑被修饰者的年龄、身份、职业等，教师、医生不宜打扮得过艳，学生应当讲究整洁。

“浓淡相宜”是说修饰不能片面追求某一局部的奇特变化，而应注意统一协调，否则会失去比例平衡，以致俗不可耐，变美为丑。

一个人如果想受人尊敬，必须注意衣着的整齐清洁，让人觉得自己为人端庄、生活严谨。化妆的本意是为了掩饰缺点以表现优点，如果为了掩饰缺点而化妆过浓，优点反而被破坏无遗。

因此，欲将良好的风度、气质呈现在众人面前，应持淡雅宜人的化妆，不可把脸当作调色盘，不可把身体当作时装架，这就是所谓有个性的妆饰，它是在表现自身的修养，同时也是在表现人格，因此必须使看的人感到清爽和产生好感才行。

这时候，你再去找人办事时，自然就会留给别人一个深刻的、难以磨灭的印象，也会为你的成功办事增“辉”不少。

好人缘，可以从“头”开始

好印象从头开始。按照一般习惯，注意和打量他人，往往是从头部开始的。头发生长于头顶，位于人体的“制高点”，所以更容易引起人的注意。

鉴于此，要想在交际应酬中给对方留下好印象，就要用心打理自己的头发，别让你的发型给对方留下“老土”或者“不修边幅”的印象。这就需要我们平时注意打理好自己的头发，以便随时都能以端庄的形象出入商务应酬之中。

反之，如果你头发凌乱，顶着“鸡窝头”出场，看起来脏兮兮的，你在客户心目中的形象也和你的头发一样恶劣，惹人讨厌，哪里还会产生与你合作的念头，甚至唯恐避之不及。

一个周五的晚上，几个好朋友为了给曹蒙庆祝生日，特意拉着他到理发店给烫了个时髦的“鸡窝头”，然后又拉着他去一家知名的摇滚乐酒吧吃喝玩乐，直到凌晨四点，这帮好友才各自道别，回家睡觉。

早上八点的时候，曹蒙的电话响了，是曹蒙经理打来的电话，因为经理临时有事，让曹蒙代他去和一个重要客户签署合同书，时间安排在上午九点。从曹蒙家到客户那里至少要四十分钟的路程，要是堵车的话就可能迟到。

曹蒙不敢怠慢，赶紧起床，拿起一套西装穿上就出了门。

果然，曹蒙在去的路上堵车，还好他在最后几分钟顺利赶到了客户那里。一见到曹蒙，客户的眼里闪过耐人寻味的神色，先让曹蒙坐下，随后去了隔壁房间。

过了一会儿，客户对曹蒙说：“我看今天这个合同就暂时别签了，咱们以后再约时间，好吧！这样，麻烦你跑一趟，还请你先回去吧！”

曹蒙觉得莫名其妙，又不便深问原因，只得快快地了回去了。随后，曹蒙接到了经理的电话，问他搞什么鬼，顶着一个“鸡窝头”就去了，客户还以为他是个小混混，把客户吓了一跳，合同的事情也就暂缓了。

曹蒙的一个“鸡窝头”，就这样毁了一桩生意。由此可以看出，在应酬时，一个人的头发形象不仅体现着个人的素质和修养，还代表着公司的形象。一个好的发型才能赢得客户的信任和好感，一个坏的发型是注定不讨喜的。

一般来说，应酬中的人们要注意以下几个头发上的细节，才不至于失礼于人。

1. 干净整洁

如果你没有时间打理自己的头发，至少应保持它的干净整洁，一般两天清洗一次头发为宜（夏天可适当增加频率）。平时也应注意对头发的养护，使其具有自然光泽。

2. 啫喱使用有量

不要过多使用啫喱、喷彩之类的东西，如要使用，也最好选择无香型，免得和香水、化妆品等气味混杂在一起，令人闻之窒息。

3. 发型不拖沓

发型要大方、高雅、得体、干练，前发不要遮眼遮脸为好。男士不留披肩长发，不剃光头，不留怪异发型。女士身材短小者适宜短发、盘发；身材丰满者适宜盘发；身材瘦削者适宜波浪长发。

4. 发色与肤色匹配

一般来说，经常出席商务场合的人们不宜染发，如若染发，则要注意使发色和肤色协调。

与深棕色的搭配肤色：任何肤色，肤色白皙者尤佳。

与浅棕色的搭配肤色：白皙肤色或麦芽肤色、古铜肤色者均可。

与铜金色的搭配肤色：白皙或麦芽肤色，也很适合肤色微黑的女士。

与红色的搭配肤色：自然肤色或白皙肤色，非常适合肤色偏黄的女士。

切忌染过于夸张的黄色、蓝色、绿色等，这些都是属于街头的颜色，和办公室严肃的工作氛围不协调。

应酬时，别忘了注意你的头发形象，就不至于引发“一颗鸡窝头，毁掉一桩生意”的悲剧。

握手礼仪，见面的加分项

据说握手礼最早始于欧洲，当时是为了表示友好，是手中没有武器的意思。但现在已成为世界性的“见面礼”。

握手是人们日常交际的基本礼仪，不仅可以体现出一个人的情感和意向，还能显示出一个人的虚伪或真诚。握手在人际交往中如此重要，可有人往往做得不太好。

艾丽是个热情而敏感的女士，目前在某著名房地产公司任副总裁。那一日，她接待了来访的建筑公司主管销售的韦经理。韦经理被秘书领进了艾丽的办公室，秘书对艾丽说：“艾总，这是 ×× 公司的韦经理。”

艾丽离开办公桌，面带笑容地走向韦经理。韦经理先伸出手来和艾丽握了握。艾丽客气地说：“非常高兴你能为我们公司介绍这些产品。这样吧，让我先看一看这些材料，我再和你联系。”

几分钟后，韦经理就被艾丽送出了办公室。

几天内，韦经理多次打电话，但得到的是艾丽的秘书回答：“艾总不在。”

到底是什么让艾丽这么反感一个只说了两句话的人呢？

在一次讨论形象的课上，艾丽提到这件事，余气未消地说：“首次见面，他留给我的印象是不懂基本的商业礼仪，二是没有绅士风度。他是一个男士，位置又低于我，怎么能像王子一样伸出手让我来握呢？他伸给我的手不但看起来毫无生机，握起来更像一条死鱼，冰冷、松软且毫无热情。

“当我握他的手时，他的手掌也没有任何反应，我的选择只有感恩戴德地握住他的手，只差跪下来吻他的高贵之手了。握手的这几秒钟，他就留给我一个极坏的印象，他的心可能和他的手一样冰冷。他的手没有让我感到对我的尊重，他对我们的会面似乎也不够重视。

“作为一个公司的销售经理，居然不懂得基本的握手礼仪，他显然不是那种经过严格职业训练的人。而公司能够雇用这样素质的人做销售经理，可见公司管理人员的基本素质和层次也不高。

“这种素质低下的人组成的管理阶层，怎么会严格遵守商业道德，提供优质、价格合理的建筑材料？我们这样大的房地产公司，怎么能够与这样作坊式的小公司合作？怎么会让他们为我们提供建材呢？”

握手是陌生人之间第一次的身体接触，只有几秒钟的时间。但这短短的几秒钟是如此关键，立刻决定了别人对你的喜欢程度。握手的方式、用力的大小等，像哑剧一样无声地向对方描述你的性格、可信程度、心理状态。

握手的方式表现了你对别人的态度是热情还是冷淡，积极还是消极，是尊重别人、诚恳相待，还是居高临下、敷衍了事。一个积极的、有力度的正确的握手，表达了你的友好态度和可信度，也表现了你对别人的重视和尊重。

一个无力的、漫不经心的、错误的握手，会立刻传送出不利于你的信息，让你无法用语言来弥补，从而在对方的心里留下对你非常不利的第一印象。有时也会像上面的那位销售经理那样失去极好的商业机会。因此，握手在商业社会里几乎意味着经济效益。

为了在这轻轻一握中传达出热情的问候、真诚的祝愿、殷切的期盼、由衷的感谢，我们非常有必要把握握手的分寸、握手的细节等。

第四章

朋友圈决定事业，融入对你有利的圈层

有研究调查报告指出：一个人的成功，百分之十左右来自知识，百分之九十来自朋友圈。朋友圈是由许多人组成的，你认识的人越多，你的朋友圈越大，你信息更新的速度就越快，你所拥有的机会和机遇也就越多，成功的概率也就越大。

如今，无论你处在哪个行业，朋友圈都有着非常重要的地位和作用。所以，即使你拥有很广的知识和很强的能力，你依然需要不断扩展自己的朋友圈，这样才能让自己的事业更上一层楼。

80% 的怀才不遇，都因为无圈可依

在职场中，我们经常会看到很多人才，感慨怀才不遇，一生碌碌无为，始终不得志。其实，人生成功机遇的多少与其交际能力和交际范围的大小几乎是成正比的。我们应把运用朋友圈与捕捉成功机遇联系起来，充分发挥自己的交际能力，不断建立和扩大自己的朋友圈，发现和抓住难得的发展机遇，进而拥抱成功！

21 世纪的今天，无论是保险、传媒，还是金融、科技、证券，几乎所有领域，人脉竞争力都起着日益重要的作用。专业知识固然重要，但人脉更加重要。从某种意义上说，人际关系是一个人

通往财富、荣誉、成功之路的门票，只有拥有了这张门票，你的专业知识才能发挥作用。否则，即便你是英雄也无用武之地！

不管你有多大的才华，如果缺少了人脉，就不会成功。当我们拥有好人缘的时候，关键时刻即使没人两肋插刀，也肯定会有人愿意出手相帮的。

如果你想在事业上取得成功，在公司内一定要受到众人的瞩目，成为既有才能又有人缘的人才，否则，你的上升运势或许会直线下降。生活中的确有不少实例，就是由于不重视公司内的人际关系，把自己孤立在交际圈之外造成的。

费文是个时尚的年轻人，喜欢重金属音乐，又有点小资情调。毕业后，他凭着机智和良好的口才，进入一家日化公司从事销售工作，他的销售成绩相当不错。

然而费文在这家公司干了一段时间，他觉得同事不是老古板就是没内涵，因此，他在公司里几乎没有朋友，下班后就约自己的死党去泡吧。费文也很少参加公司的集体活动。同事拉他去唱 KTV，他说他对口水歌不感兴趣；公司举办舞会，他说那是群魔乱舞，自己不想被体重超标的女同事踩来踩去……总之，公司的活动他能躲就躲，去了也只是意兴阑珊地待一会儿就离开。同事们都生气地说："看来是我们格调太低，不配和人家来往。"领导对他似乎也颇有微词。

一年后，当时和费文一起进公司的人，除了他和几个业绩太差的，普遍都获得了提升。费文愤愤不平地去找领导，质问为什么对他另眼相看。

领导淡淡地看了费文一眼，说："这要问你自己吧！你真的把自己当成公司中的一员了吗？在公司里你有关系不错的同事吗？人缘这么差，即使我提升了你，谁又肯听你的呢？”费文根本无法回答领导的问题，灰溜溜地走了。

其实，公司就是一个大朋友圈，费文不懂得搞好公司内部的人际关系，其实，同时也严重缺乏团队精神，结果成了公司的“特殊分子”，只能做最基础的工作，无法获得提升的机会。

这也是职场中中很多人都存在的问题。他们不屑于加入公司内部的交往朋友圈，使得他们在公司内的人缘越来越差，自己逐步被孤立，提升也就无从谈起了。

再看另一个例子：

陈述的舅舅是某公司的总经理，舅舅觉得陈述是个人才，对他加以磨炼，将来可以在事业上给自己帮助，于是陈述就参加了公司的招聘，并以优异的成绩进入了公司。为了让陈述接受锻炼，舅舅特意嘱咐他隐瞒两人的亲属关系，努力工作。

上班之后，陈述觉得舅舅的公司存在很多问题，在他眼里，相当一部分员工，包括他的顶头上司都是不称职的，再加上认为自己身份特殊，因此他当起了“独行侠”，很少与同事来往。上班近三个月，在公司里，他竟然没有一个谈得来的同事。不仅如此，他那骄傲狂妄的态度还惹恼了不少人。

陈述的舅舅对陈述的工作成绩还算满意，但还想知道陈述在其他方面的表现如何。一次路过员工休息室时，无意中听到了员工对陈述的评价：

“唉，你们说陈述那小子像什么？像不像开屏的孔雀？”

“什么？孔雀？太抬举他了吧！我看倒像茅坑里的石

头——又臭又硬！”

“看他一副狂妄的样子！他有什么了不起的啊！幸亏他只是个小职员，他要是经理，尾巴还不翘上天去啊！”

“他要是经理啊，我看一半员工都要辞职……”

总经理大吃一惊，他没想到陈述的人缘竟然这么差。于是，他又找来了陈述的部门主管，故作不经意之态地提起陈述。

结果部门主管说：“他的能力是有的，但在处理人际关系方面有很大问题。老实说，我是领导，不希望手下有这种缺乏部门团结意识的员工。我正想跟人事部门打招呼呢！”

第二天，陈述离开了公司，临走前舅舅送给他一句话：进入了一个朋友圈，你就得适应这个朋友圈。

一个人缘极差的人是无法在公司的交际圈中生存的。试想，在人人排斥他、讨厌他的情况下，他怎么能把工作做好呢？为了成为有杰出表现的人才，我们就必须在公司内培养好人缘，想办法与众人增进感情，真正融入到一个朋友圈中去。

找对朋友圈，能提升社会竞争力

20世纪，“要一间自己的屋子”是人们共同的呐喊；21世纪，“要一个自己的朋友圈”的声音日益壮大。戴着什么帽子，坐着什么位子，开着什么车子，住着什么房子，都离不开一个相对应的朋友圈。目前，越来越多的人逐渐认识到朋友圈的重要性。

找对朋友圈，安身立命才有底气。

目前，朋友圈在社会上无处不在。歌星、影星、笑星和娱记相互搞点节目、爆点猛料，叫娱乐圈；为了形成规模效应，众多商家云集一地，叫商圈……诸如此类，但凡与“圈”沾上点边儿的，进去之后，“身份”立马就不同了。你嗤之以鼻也好，宠辱不惊也罢，骨子里多少有些喜出望外，毕竟说明你在“朋友圈”中已有了位置，并获得了初步承认。从此，你便可以“圈内人”的身份出入各种场合，一起谈论古今。

媒体上经常有个词，叫“圈内人”，也就相当于“自己人”的意思。通俗点儿讲不是自己人，自然什么也不好办，打不进朋友圈内部，你即使浑身是胆，也只不过算个散兵游勇，很难大红大紫。武林中人之所以拜师，一是为了学艺，二是为了有所归依。拜了师，也就等于入了门，从此以后再也不是孤魂野鬼了。

我们不难理解为什么说慈禧如果没被选进皇宫，就永远不可能当上老佛爷。所有的交流、提携甚至争斗，都是在圈内发生的，进不了圈，一切就与你无关；与圈的核心越近，你就越有可能成为核心。

可见，物以类聚，人以圈分，一个人想要在社会上立足，必须有一个属于自己的朋友圈不可。

《水浒传》中的一百零八位大将，如果都是散兵游勇，就不会对大宋构成真正的威胁。武松能打，打得过我的千军万马吗？吴用善谋，只可惜一肚子的计谋无处施展。但是当这些散兵游勇联合起来后，大宋的江山就岌岌可危了。

刘备在还没有完全建立起自己的朋友圈之前，不得不东奔西走，寄人篱下，甚至被曹操的一席话吓得差点儿大小便失禁，要不是耍一点小聪明，恐怕他那项上人头都难保。可就是这么一个虎落平阳的野心家，等他得到诸葛亮的辅佐以后，境况就大不一样了。赤壁一战，曹操一败涂地，只能龟缩到北方老巢休养生息；孙权虽然保住了父兄基业，但面对不断壮大的刘备势力，只能望江兴叹；刘备则从此站稳了脚跟，得以三分天下，成为赤壁之战最大的赢家，这都归功于朋友圈的作用。

对于楚汉之争的故事，大家都耳熟能详，项羽是“力拔山兮气盖世”的理想英雄，若在今日的中国，定是少男少女崇拜的对象；刘邦却“好酒及色”，连结发之妻都厌恶他的为人。但在楚汉之争中，刘邦屡败屡战，垓下之战一围而平定天下；项羽百战百胜，垓下之战一败而身死人手，为天下笑。原因何在？仍然是朋友圈决定着他们的命运。

不做井底之蛙，突破“社交舒适圈”

“舒适圈”的意思是所有人都生活在一个无形的朋友圈里，在圈内有熟悉的环境，与认识的人相处，做自己会做的事，让人感到轻松、自在。但当我们踏出这个朋友圈的时候，马上会面对不熟悉的变化与挑战感到不舒适，很自然地想要退回到舒适圈内。

有一位女孩叫阿莲，读高中一年级，随着青春期的到来，她慢慢地产生了摆脱父母的心理，每天偷偷地写完日记后，藏在抽屉中，不让妈妈看。她希望用自己的内心去感受世界，可是面对形形色色的现实世界、繁杂的人际关系以及沉重的学习压力，阿莲的内心又感到一种不安。

于是，阿莲开始变得孤僻，害怕与人交往，产生一种莫名其妙的封闭心理。有时，她一个人跑到小河边望着静静的河水流泪，顾影自怜。她渴望与同学进行交往，羡慕其他同学快快乐乐、轻轻松松地参加集体活动，可她却害怕主动与别人交往，还抱怨别人对她不理解、不接纳。

阿莲的这种行为其实就是自我封闭心理。她几乎与外界隔绝，生活在自己的小圈子里，难以与人交往，发展到一定程度后就会形成一种疾病。

这是因为阿莲给自己营造了一个“舒适圈”！把自己锁在了安逸的窝里，把外界想象得深不可测。其实外面的世界很精彩，尝试着从那个“舒适圈”走出去，呼吸一下外面的新鲜空气，定会有意外的收获。

人际交往也是同样的道理，一个人整天把自己关在狭小的朋友圈里，就像井底之蛙，自然不知道井口之外的天是多么得奇妙，但是和大家一起分享，把你知道的和他了解的汇合起来，就不一样了。

那么，如何走出你的“舒适圈”呢？

1. 初步建立“朋友圈”

有米才成炊，“朋友圈”要靠自己慢慢经营才能成型。有一家报社初创之时，没人愿意为其投稿，社长及员工只能自己“造米下锅”。他们坚持不懈，每天都要写 20 封信，不管认识不认识，不管能否接到回信。

坚持的结果是，副刊一再扩版，成就了以副刊带动整个报纸的辉煌，他们自己的“朋友圈”也扩大了规模。推而广之：每天发 20 封电子邮件，不怕陌生、不怕不熟，联系多了，他们自然会成为你的“圈”中之人。

因此，成功建立关系网的关键是和适当的人建立稳固的关系。良好的人际关系能提高人们生活的情趣，让人们了解周围所发生的一切，并提高交流的能力。

2. 扩大“朋友圈”

“朋友圈”不能一成不变，比如盖好的楼盘，人们总想着开发二期。在打造关系网的过程中，已经认识的人很重要。你目前的联络网是奠定你未来关系网的原料。他们都有自己的熟人，而他们所熟识的人又有自己的熟人。

总与几张熟得不能再熟的脸相对，哪还有新鲜感？你的“圈中人”不可能只认识你一个，不妨互相交换，带好各自的朋友扩大联盟。这样互相分享，你的“朋友圈”很容易拓展，你就会永远获得新朋友。

3. 拥有不同的“朋友圈”

物以类聚，人以群分，这个“分”有其特定的标准和规则。当这个标准或规则具有功利性时，“朋友圈”有时就会从圈住共同的领域变成阻碍人迈出脚步的套子。这时，“朋友圈”便不知不觉变成了圈套。防止中“圈套”的最好办法，就是拥有几个不同的“朋友圈”。涉猎广泛一些，发挥自己不同的侧面，就很容易拥有不同的“朋友圈”。

很大程度上成功取决于你拥有多大的权力和影响力，与恰当的人建立稳固关系最为关键。

总之，如果不想做个平庸的人，那就走出来吧！离开“舒适圈”，只要你习惯了不舒适，“舒适圈”也就能变得更大。

利用好朋友圈，关键时能帮到你

每个公司里都普遍存在着一个现象：小朋友圈。不同的小朋友圈一起繁衍出一家公司的企业文化。只要公司存在，就有小朋友圈生根发芽的土壤。而小朋友圈的荣辱兴衰，也能从一个侧面反映出这个公司在某种人事、管理、文化上的变更交替。

月有阴晴圆缺，人有悲欢离合。从踏进写字楼的那一刻起，你已经不再是自然人，而是不自觉地扮演起一个不折不扣的社会人的角色。

既然是社会人，就要不可避免地面对各种矛盾、困窘的袭扰。职场情义淡薄，注定你一时无法看破红尘，或喜或忧的情愫为你编织了一张无形的网，让你无法规避，难以挣脱。

焦灼烦躁的心灵无不渴望着找到一个可以停泊的港湾。这个时候，约上公司里几个谈得来的同事出去小聚，彼此倾诉内心的苦闷，聆听对方的点拨，能使你疲惫的身心得到片刻放松，那种释怀的愉悦便显得弥足珍贵。而三三两两的小朋友圈在一次次的重复交往和吐故纳新中悄然形成了。

很多公司里形成的是人数或多或少的诸多小朋友圈，而其组成原因也是多种多样。有的是由来自同一省份的老乡形成的同乡帮，也有的是毕业于同一所院校的校友系，还有的是由于一些工作中的接口较多“日久生情”而形成的。

对于公司的管理者来说，公司里形成诸多的小朋友圈，在他们眼中纯属员工私事，不足挂齿。尤其是形成两个泾渭分明的小朋友圈时，公司管理者才会没事偷着乐！毕竟两个小团体的不同风格，对于自己的管理艺术是一个很好的锻炼。两派如果掐起来，也一定会请自己充当裁判。

高明的管理者多采用和稀泥的做法，各打五十大板。越是这样，自己的宝座才坐得踏实安稳！一旦两派形成合力，那样只会威胁自己的权威！因此，对于上司来说，多几个小朋友圈是大有好处的。

在人情味日渐淡薄的职场，能在工作中结交几个要好的同事，形成了一个小圈子，相互学习，彼此欣赏，从而使冷冰冰的办公室变得生机盎然，自己也不再孤寂落寞。虽然不少人自我标榜自己有多么得职业化："我来公司是工作的，而不是来交朋友的。"

但谁知道你这一套假干练的做派是否会在新的团队中有市场的人的情感不同于数学，一些看似无可厚非的道理，在有的公司里会让你畅通无阻，也会在有的公司碰得头破血流。原因就在于，不同的企业有不同的文化，只有你适应它的份儿，而它不可能向你卑躬屈膝，这不也是职场生存的法则之一吗？

清朝初期，有两个大朋友圈——明朝朋友圈和后金朋友圈。崇祯是明朝朋友圈的圈主，皇太极是后金朋友圈的圈主。

崇祯志大才疏，刚愎自用，乾纲独断，专权暴虐，偏听偏信，亲小人远君子，导致明朝朋友圈政治腐朽，国是日非，边事日坏。崇祯当明朝圈主 17 年，换了 50 个大学士，14 个兵部尚书。杀死或逼死的督师、总督 11 人，包括凌迟袁崇焕；杀死巡抚 11 人，逼死 1 人。14 个兵部尚书中，王洽死于狱中，梁廷栋服毒，杨嗣昌上吊，陈新甲被斩，傅宗龙、张国维革职下狱，王在晋、熊明遇革职查办。这些人不是没本事，也不是不忠诚。他们之所以会有如此悲惨的下场，就是因为他们选择了以崇祯为核心的明朝朋友圈。在腐朽的朋友圈里，在不辨是非的圈主手下，做好人，干正事，是不被允许的。

皇太极经营他的小朋友圈16年，最终靠小朋友圈的力量，在不占天时、不占地利的情况下，接管后金朋友圈。

那时的后金朋友圈，是一个烂摊子，内有代善、阿敏、莽古尔泰三大贝勒胡闹，外有朝鲜、蒙古、明朝三大朋友圈的威胁。皇太极雄才伟略、知人善任，是内斗老手、外战高手、经营能手。

对内，皇太极从即位时的名誉大汗起步，利用手段和手腕、小朋友圈成员的力量和能量，加强集权，打击异己，修明政务，更定制度，最终成为后金朋友圈里名副其实、呼风唤雨的一把手。

对外，皇太极征服朝鲜、统一蒙古、三入关内，在短时间内，把后金朋友圈发展成军事、政治、经济无比强大的大清帝国，为后人侵吞明朝朋友圈、进军中原、一统天下奠定了良好的基础。

由此可以看出，明朝朋友圈和后金朋友圈，就当时的臣子而言，是两个不同性质的平台。同一个人，在两个平台，会有不同的前途、不同的命运。

每个人的命运，都是选择不同朋友圈的结果。入错朋友圈，比一无是处、百无一用还可怕。

从此可以看出，不同的朋友圈，具有不同的力量。我们在不同的朋友圈里，就会有不同的社会地位和前途。因为朋友圈决定着我们的前途，主导着我们的命运。我们选择的朋友圈对了，我们的世界也就对了。

多结交带“圈”的朋友

结交拥有好人缘的人，多认识一些朋友多的人。每个人的人脉网是不一样的，朋友的朋友也有可能成为你的朋友。

方达的生活一直都是丰富多彩的。在公司，休息的时候和同事们聚在一起说说话，工作似乎也变得轻松了许多。但是，她不会让同事过多地了解自己的个人生活。

烦心的时候，方达就会给自己的闺中密友打电话，向她倾诉心中的烦恼。很多时候，她的男友求她：“亲爱的，你为什么不对我说呢？难道你不信任我吗？我愿意倾听的……”

可是这些话没有用，方达依然如故。

到了周末和假期，方达会挽着男友的胳膊，两个人就像突然被蒸发一样。还有更离奇的时候，方达谁也不告诉就和业余登山队的朋友出去了，两天之后，又兴高采烈地回来。出去逛街的时候，她会拉着朋友一同前往；去参观油画展览或者电影节时，她会揪出大学时那个和她年龄相仿的老师陪她一起……

总之，方达身边的人总是在不停地变换，她的日子在不同朋友的陪伴下欢快地度过。

方达之所以能轻松快乐地生活，就是因为拥有好人缘。寻找“中间人”的时候，我们要把这一类人当作主要目标。

拓展人脉的关键是认识更多的人。人们大多生活在一个既定的生活朋友圈内。如果你接触的是同一群人，你的成长是有限的；如果将自己限定在很小的社团内，只会让你觉得枯燥无味，沉闷寂寞。所以，多结交新的朋友，参加新的社区活动，扩大你的社交圈，可以让你结交各个阶层的朋友，不但让你的生活多姿多彩，而且能扩大你的视野与见识。这是一种非常好的精神食粮。

如果你能够不断扩大你的生活朋友圈，你的交友层次也就会不断提升；如果你能够勇于尝试新的事物，你就能突破内心的种种困难和障碍。

你必须借助“中间人”的力量打造出自己的生活朋友圈，必须接触不同类型的人，因为不同类型的人会带给你不同的刺激，不同的刺激会带给你不同的创意和灵感，能让你在你的领域里占据更大的优势。

结交朋友的前提是培养、提升自己的气质，改善自己的交际。如果你希望拓展人脉圈，就照着以下建议去做，会让你有意想不到的收获。

1. 乐于结交朋友

采取主动的姿态参与各种社交活动是拓展交际朋友圈的一个必然途径。我们可以选择一个社团，加入一个集邮社或健身俱乐部等。被动的方式最常见的是，旅途中，我们必须学会和陌生人相处。所以，我们要乐于结交朋友，无论何时何地，如果有人想主动结识你，不要当场立刻拒绝，而应马上做出友善的回应，向对方展示你的友善和真诚。永远记住，多善待一个希望结识你的人，你就多一份人脉，并可能因此多获得一次事业良机。

2. 自信

每个人都有一套拓展人脉的方式，接待人的特点和方式都不同，但是有一点可以肯定，善于社交的人必然是一个自信、开朗的人，一个腼腆、保守的人很难打入新的社交朋友圈。

对抗这种“社交紧张症”最根本的方法是培养自己的信心。一个人如果很不自信，他就不愿意走出去主动与人交往，更别说主动去拓展人脉。

3. 培养受欢迎的性格

俗话说：“千人千面，各人各性。”有一种人尽管有很高的社交要求，他们仍然会觉得和别人交往会让自己心神不宁，带给自己莫名的紧张。锻炼自己的“耐性”可以让自己在人际交往方面得到长足的改善。

4. 以开放的心态容纳朋友

开放的心态包括勇于听取朋友们的意见和批评。只有善于吸收意见的人，才能成长得快。如果你想拥有更多更好的朋友，就应该养成开放宽容的心态。我们建设人脉的目的之一就是为自己增加发展的外力，能够为自己提意见的朋友才是真朋友。处处寻找朋友，并听取他们的建议，才是理性和成熟的体现。

所以，努力结识带“圈”的朋友吧！他们是我们的最佳“中间人”。带“圈”的朋友就是一个辐射点，以他为中心扩散的部分有许多人，而这些人中就会有你需要的朋友。

经常给你的关系圈“除除草”

在交际应酬的过程中，搜集与组织自己的关系圈是有可能的，但试图维持所有关系似乎是不可能的，而想在现有的人际网络内加入新的人或组织就更加艰难。

因此，在组建人际关系圈的时候，必须学会筛选放弃。换言之，你必须随时准备重新评估早已变得难以掌握的人际网络，对现有的人际关系网重新整理，放弃一些不再对你感兴趣的组织和人。这是我们在生活中必须做的。筛选虽然不易，但仍是可以做得到的，有失才有得，才有更好的人生等待着我们。

俗话说“物以类聚，人以群分”，圈中讲究哥们儿义气的人，必定会约上一群“狐朋狗友”，吃喝玩乐无所不为，虽然过得潇洒，但却为小人的诞生提供了绝好的温床，因为小人需要这种火热的环境来增进彼此的感情，等你对他们放松警惕时，他们便在你的背后插刀，这便是小人的一贯作风。

诸葛亮在他的千古名篇《出师表》中这样写道：“亲贤臣，远小人，此先汉所以兴隆也；亲小人，远贤臣，此后汉所以倾颓也。”可见，贤臣和小人对一个国家的前途所起的作用是截然相反的。

但历史却偏偏在重复着一个无可回避的循环，小人就好比甜口毒药、夺命白粉一样，让人明知是万丈深渊却又禁不住魔鬼的诱惑往下跳，这是人性的一种悲哀。

让我们来看看下面一个故事。

和士开是北齐人，其父和安，出仕于东魏，“恭敏善事人”，为人非常狡猾，很有一套恭维巴结皇帝的手段。也许是有其父必有其子，和士开的奉承拍马功夫更是有过之无不及，远远超过了他父亲的成就。北齐天保初年，高湛得宠，被晋爵为长广王，和士开见高湛未来当皇帝的可能性很大，便想方设法接近巴结高湛，为自己将来晋官加爵铺平道路。

高湛性好“握槊”，这种游戏便是中国象棋的雏形。恰好和士开也精于此道，他便找机会与高湛游戏。二人棋逢对手，总是斗得难分难解，越玩越上瘾，次数越加频繁。

高湛还喜欢音乐，恰好和士开能弹胡琵琶，他经常为高湛弹曲，兴致高时，还边弹边唱，那清歌妙曲，让高湛无比着迷。

高湛喜谈笑，而和士开生来就有一副伶牙俐齿，便经常陪高湛胡扯闲说，和士开的甜言蜜语和淫词秽谈，使高湛开心，二人越谈越投机，大有相见恨晚的感觉。

北齐皇建二年（561），孝昭帝驾崩，高湛继承大位，是为武成帝。和士开长期企盼的日子终于来到了。本来高湛在继位之前与和士开的关系已经火热，继位之后，和士开对他更是“奸谄百端”，因而武成帝高湛视之如心腹，倚之如股肱，和士开得宠的程度，可谓是世间少有。

和士开受到武成帝高湛如此宠爱，照理该满足了，可是他仍继续施展各种手段，进一步巩固和加深皇帝之宠。武成帝患有“气疾”，即“疝气”，这种病最怕饮酒，但他嗜酒如命，越饮病越重。

武成帝虽然一向对和士开言听计从，但唯独在饮酒问题上则每谏不从。一次，武成帝气疾发，又要饮酒，和士开泪下不能言。帝曰“卿此是不言之谏”，固不复饮。和士开仅用哭泣抽噎的微小代价便换取了武成帝的莫大好感，这与他惯常使用的甜言蜜语有异曲同工之效。

如果你以为和士开的这一表现是出于对武成帝的一片关怀之心，那就大错特错了。实际上，劝武成帝戒酒并不是他的目的，通过此举邀宠以求富贵权势，这才是他的真正用意。

世界上最难测度的是无耻小人之心，代表着人类真诚感情的眼泪也照样可以被他们亵渎，用来为其不可告人的目的服务。如果和士开以泪劝谏出于真诚，那他就绝不会把魔掌伸向皇宫内院，将武成帝的皇后占为己有了。

武成帝的皇后胡氏，本是一个水性杨花之人，加上武成帝素来荒淫，三宫六院，居无定所，较少与之相伴，因而胡皇后更感到寂寞空虚。

和士开深明“狡兔三窟”之理，单是武成皇帝的倾心信赖，还不能令他满足。胡皇后喜欢干预政事，和士开早就想拉她作为内援，他正觊觎着机会。他了解胡皇后的寂寞后，便决定乘虚而入。

于是，和士开有意挑逗胡皇后，没想到进展得十分顺利，二人很快勾搭成奸。可叹武成帝对和士开如此恩深义重，而和士开却毫不客气地给他戴上了一顶“绿帽子”。

可见礼义廉耻对和士开之流，是毫无约束力的。为达个人目的，他们可以不择手段，这是常人无法理解的。

武成帝对和士开的恩宠到了无以复加的地步，但和士开对武成帝的回报是一顶漂亮的“绿帽子”，小人的贪欲一旦如果显现，从此便一发不可收拾了。

俗话说小人难防，但小人却有自己的“特征”，对你投其所好，嘴甜如蜜者，这种人十有八九是小人，所以在圈中混的一定要用点心思，识破小人的嘴脸，别等到真上当时就后悔莫及了。

你的衣柜满了，需要定时整理与清理，以便给新的衣服腾出空间。同样的道理，你的人际关系网也需要经常清理。要学会去粗取精，清除掉那些小人之后，留下来的朋友不就是我们最乐于往来的吗？我们应该把时间与精力放在让自己最乐于相处的人身上。在平时需要奔波忙碌于工作、社交与生活之间的我们，筛选人际关系网络是安排生活先后次序的第一步。

身在圈中，让自己“蠢”一些

古代贤臣最怕“功高盖主”，怎样既能建功立业，实现自己的抱负，又不至于让君王觉得你对他是个威胁，即我们所说的如何才能在危险的朋友圈里生存，这里面有很多智慧。关键时刻把自己装得“蠢”一些，不但能避免灾祸，而且能使自己在朋友圈里活得怡然自得。

王翦，秦代杰出的军事家，是继白起之后秦国又一位名将。王翦少年时期就喜欢兵法，跟随秦始皇征战，立有大功，除韩国外，其余五国均被王翦父子所灭。

当时，楚国地大物博，人才辈出，实力不凡，是秦国争霸的主要对手，秦王问手下的将军们要攻破楚国需要多少军力。老将军王翦说："非六十万人不可。"而年轻的猛将李信说："二十万人就够了。"

秦王以为王翦老而胆怯，况且一下子征召六十万士兵也不是一件容易的事情。于是让李信领军攻楚，王翦也不多说，称病养老。果然不出王翦所料，李信大败而回。秦王这才醒悟，再次请王翦出马，并备齐了六十万人马。

六十万秦军，即使在秦国鼎盛时期也是庞大数目的军力，况且领军的还是王翦这样能征善战的老将，秦王必然有些担心，王翦早想到了这一点。

王翦统率六十万人马去完成秦国统一大业的最后一步，他明白自己率倾国之兵出征，秦王肯定会对他心存疑虑，秦王亲自送他，王翦交予秦王一张地图表，秦王为之一震，以为战事又有什么变化，哪知王翦拿出来的是秦国咸阳附近的地图。地图中间画了很多的良田，要秦王答应赐给他。

秦王奇怪地问："将军要建奇功大业，将来要什么没有？还担心这些区区薄田做什么？"

王翦说："我身为大王的将领，有功也不会封王拜侯，还不如做一个乡臣，多要些产业，为子孙后代留条生路。"

秦王听了，觉得好笑，认为王翦是个目光短浅之辈，即使能征善战也成不了大气候，心中对他放心了不少。

在攻楚的过程中，王翦又频频派使者回咸阳，再次要求秦王赏赐给他地图上的那些地，还要求秦王给他修一座豪华的大宅子，以备自己将来养老之用。

跟随他的将军们都很奇怪，他们没想到王翦这么贪财，打着仗还念念不忘向秦王要东要西，灭了楚国，还怕没有这些富贵吗?

殊不知，王翦这样做，正是为了让秦王安心。让秦王觉得王翦只惦记这些享乐的事情，并无大志。自古以来，在政治朋友圈里生存，让圈内人对自己放心是至关重要的，历史上不知道有多少名将都浑浑噩噩地栽在了君主的疑心上。

王翦为了让秦王消除自己的疑虑，不断地向秦王要良田美宅，显得十分贪财或好色，让秦王觉得其人没有野心，可以放心用，才能够备受恩宠，直到老死。如果他“妇女无所幸，财物无所取”，声名越来越好，那祸患也就离他不远了。

由此我们不难看出，在朋友圈里表现得“蠢”一些，其实是大智大慧的表现啊!

第五章

懂点人情世故，人生不再处处碰壁

“世事洞明皆学问，人情练达即文章”。无论在古今中外，人情世故都是一门必修的学问。尤其是作为国人，懂得人情世故是行走于社会的最基本要求。

一个人如果不懂得人情世故，即使再努力，也只能是白白浪费精力。而另一个人，虽然能力可能稍微差了一点儿，但是对人情世故运用得成熟，那么他的未来也还是大有希望的。

直中难取胜，则是曲中求

任何事物的发展都不是沿一条直线进行的。智慧之人能看到直中之曲和曲中之直，并不失时机地把握事物迂回发展的规律，通过迂回应变，达到既定的目标。

《周易·系辞传》中说：“穷则变，变则通，通则久。”“变”是《周易》的核心观念之一，正所谓“不可典，唯变所适”。凡事都要讲究变通之道，善于变通的人才能在错综复杂的形势下，达到自己的目标。特别是在公关中面对强劲的对手时，不妨学会灵活变通，学学多尔衮，以迂回策略取胜。

多尔衮是努尔哈赤的第十四子，他的母亲是努尔哈赤最喜欢的一个妃子。多尔衮生于1612年，卒于公元1650年年末，年仅38岁。虽然他短命，却拥有传奇的人生。他战功显赫，成为清朝统一全中国最大的功臣，因此位及至尊，一人之下，万人之上，权倾朝野。

多尔衮之所以能有如此辉煌的人生，与他本人的能力和智慧是分不开的，这在他攻打南明小朝廷、统一全中国的过程中体现了出来。顺治元年（1644），清王朝迁都北京以后，摄政王多尔衮便着手进行武力统一全国的战略部署。

当时的军事形势是：农民军李自成部和张献忠部共有兵力40余万；刚建立起来的南明弘光政权，汇集江淮以南各镇兵力，也不下50万人，并雄踞长江天险；而清军不过20万人。如果在辽阔的中原腹地同诸多对手作战，清军的兵力明显不足。况且迁都之初，人心不稳，往往会造成顾此失彼的局面。

多尔衮审时度势，机智灵活地采取了以迂为直的策略，先对南明政权实施怀柔政策，集中力量攻击农民军。南明当局果然放松了对清兵的警惕，不但不再抵抗清兵，反而派使臣携带大量金银财物，到北京与清廷谈判，向清求和。

这样一来，多尔衮在政治上、军事上都取得了主动地位。顺治元年七月，多尔衮对农民军的战争取得了很大进展，后方亦趋稳固。此时，多尔衮认为最后消灭明朝的时机已经到来，于是发起了对南明的进攻。

当清军在南方的高压政策和暴行受阻时，多尔衮又施以迂为直之术，派明朝降将、汉人大学士洪承畴招抚江南。

顺治五年（1648），多尔衮以他的谋略和气魄，基本上完成了清朝在全国的统治。

做人要学会灵活变通。在应酬中，智慧之人能看到直中之曲和曲中之直，并不失时机地把握事物迂回发展的规律，通过迂回应变，达到既定的目标；反之，一个不善于变通的人，做事总是容易“一根筋”，只会四处碰壁，被撞得头破血流。

强者不悍，以柔克刚

人到老年时，柔软的舌头尚在，但坚硬的牙齿却脱落了，这是为什么呢？是因为柔软的东西比刚强的事物更有生命力！

据说商容疾是纣王时的大夫，因屡次直谏荒淫无道的纣王，结果遭到贬谪。后来纣王剖比干、囚箕子、逐微子，商容疾感到心寒，便躲进深山之中，避世隐居，不问世事。

武王灭亡商朝后，天下大定。周室表彰商容疾，想召他出山，被他婉言谢绝。他遗世独立，静心养性，修得一副道骨仙颜，虽然年岁已过数百，仍然精神矍铄，面色如童。

到了春秋末年，老子降世，商容疾知道他不是平凡人物，便收他为弟子，传授他天地玄机，处世妙道，所以老子后来成为一代圣人。

却说有一次，商容疾得了重病，自知将不久于人世。老子匆匆赶来问候老师。他先询问了老师的病情，然后对老师说：“先生的病确实很重了，有什么教导要嘱咐弟子的吗？”

商容疾说："乘车经过故乡的时候要下车，你知道这是为什么吗？"

老子说："过故乡而下车，大概是表示要不忘故乡吧？"

商容疾说："对了！那么，经过高大的古树时，要快速地走过，你知道这是为什么吗？"

老子说："经过高大的古树要快速地走过，这大概是说要尊敬德高望重的长者吧？"

商容疾说："是啊！"

然后他又张开嘴给老子看，说："我的舌头在吗？"

老子说："在。"

商容疾又说："我的牙齿还在吗？"

老子说："不在了。"

商容疾说："你知道这是什么道理吗？"

老子说："舌存而齿亡，这不是说刚强的东西已经消亡了，而柔弱的东西还存在吗？"

商容疾说："说得好啊！天下的事理正是这样。你没看见那水吗？天下万物，没有什么比水更柔弱的了。然而积水为海，则广阔无际，深不可测，大至于无穷，远及于无涯。百川灌之，无所增加；风吹日晒，没有减少。上天则为雨露，下地则为润泽。万物没有它不能生长，百事离开它不能成功。奔流起来不可遏止，无形无状不可把握。剑刺不能伤害它，棒击无法打碎它。刀斩不会断，火烧不能燃。锋利无比，可以磨灭金石；强健至极，可以承载舟船。深可渗进无形之域，高可翱翔于缥缈之间。涓涓细流回旋于山谷之中，滔滔巨浪翻腾于大荒之野。水为什么能够具有如此大的威力？因为它柔软润滑，所以能够出于无有，入于无间，攻坚克强，无可匹敌。弱而胜强，柔而克刚，世上没人不知，然而无人能行。你明白了吗？”

老子说：“先生说得太好了！天下之至柔，驰骋天下之至坚，确实是万世不易的定理。人活着的时候，身体柔软脆弱，死后尸体就变得僵硬坚挺。草木活着的时候，又柔又软，一死就变得枯槁坚硬。所以，刚强的东西是走向死亡的东西，柔弱的东西是生机勃勃的东西。军队太强大，容易被消灭；树木太坚硬，容易被吹折。两国相争，弱国胜；两仇争利，柔者得。皮革太坚固，容易破裂；牙齿比舌头硬，所以先消亡。坚强的东西能胜过不如自己的东西，柔弱的东西则可超过自己的东西。所以强大的东西处于劣势，柔弱的东西居于上风。积弱可以为强，积柔也就变成刚。欲刚必以柔守之，欲强必以弱保之。”

商容疾面露慰藉的笑容，说：“你已经得到大道了。天下之理都已被你说尽了，我还有什么需要留给你的呢！”

以柔克刚，以弱胜强，是道家守柔主静的动静观，这里面包含着朴素的辩证法。

商容疾对老子讲的“舌头”与“牙齿”的故事，以及“水”的能量，均可以证明“柔”与“刚”的辩证关系。

从大宇宙的时空观念来看事物，我们会品味出道家人生态度的独特理念。宇宙间的一切生命本体，很难说有大、小、弱、强之分，任何事物都在变化中运行，没有绝对的胜者和败者。

在商务公关应酬中，如果你的对手很强硬，你就可以用以柔克刚之术。直白地讲，以柔克刚只是耐心、信心、恒心、毅力的比较。在这些方面，谁占了上风，谁才是真正的胜利者。“以柔克刚”的方式方法有很多。例如，感情之柔，柔如密友的细诉、情侣的幽怨，让对方的心湖荡起层层涟漪；服务之柔，柔如夏日的雨水、冬日的阳光，让对方的感觉非常良好；文化之柔，柔如轻音乐的演奏、抒情诗的朗诵，让对方的精神得以升华。

帮助别人就是在帮助自己

有人说：“只要还有能力帮助别人，就没有权利袖手旁观。”的确如此，永远不要吝惜对别人的帮助，在帮助别人的同时，你也是在帮助你自己，并将从中不断收获幸福和快乐。

有一个盲人，在夜晚走路时手里总是提着一个明亮的灯笼。别人见了觉得非常奇怪，问他：“你自己根本看不见，为什么还要打着灯笼走路呢？”

盲人回答道：“这个道理很简单，这个灯笼当然不是为了给我自己照路，而是为别人提供光明，帮助别人看清道路。也只有这样，别人才能看见我，不会撞到我身上，我的安全才有保证。”

当盲人无私地为他人着想、方便他人时，恰恰帮助了自己，给自己带来了方便。如果每一个人都能够像盲人这样学会帮助别人、关心别人，我们这个世界一定会变得更加美好。

帮助别人就是帮助自己，有时，只是举手之劳，却解决了别人的大麻烦、大问题，我们又何乐而不为呢？你也许会说，帮助别人需要耗费你大量的精力、体力，耽误你的时间，殊不知，你的付出，不仅能助他人一臂之力，而且能给对方带来力量和信心，使他们有更大的勇气去战胜困难。

当一个人遇到挫折、处于逆境之中时，如果我们能热情相助，那将犹如雪中送炭，别人也定会有“滴水之恩，当涌泉相报”的感激。“患难见真情”，很多人在接受别人真诚的帮助后，总能以更真诚的感激报答别人，你为他人所做的一切将为你赢得尊重、感激、信任等弥足珍贵的感情。

古往今来，人与人之间的交往实质上是一种平等互惠。也就是说，你对别人怎么样，别人就会怎样对你。你帮助我，我就会帮助你，正所谓“投之以桃，报之以李”，一个人只有大方而热情地帮助和关怀他人，他人才会给你帮助。所以，你要想得到别人的帮助，首先必须帮助别人。

有时候，我们在帮助别人的同时，还能获得意外的利益。

最后，我们在帮助别人的时候，还能给自己带来精神上的欢愉和满足，这本身也是一件值得自豪的事。但是我们要懂得照顾他人的心情，悄无声息地帮助他，让他感觉到自己没有处于困难之中，并不是处于弱者的地位，这样他们才会欣然地接受你的帮助。

在一场激烈的战斗中，连长忽然发现一架敌机向阵地俯冲下来。照常理，发现敌机俯冲时要毫不犹豫地卧倒。可连长并没有立刻卧倒，他发现离他四五米远处有一个小战士还站在那儿。他顾不上多想，一个鱼跃飞身将小战士紧紧地压在了身下。

此时一声巨响，飞溅起来的泥土纷纷落在他们的身上。连长拍拍身上的尘土，回头一看，顿时惊呆了：刚才自己所处的那个位置被炸成了一个大坑。

显而易见，连长的善意之举不仅救了小战士的性命，而且也意外地让自己免于牺牲。这种帮助，不正是一种双方的共赢吗？

藏锋守拙，紧握自己的底牌

高明的人特别注意藏锋露拙。

这里所说的藏锋露拙，不是要人们埋没自己的才能，而是为了保护自己，不导致祸端，从而更好地发挥自己的才能和专长。

追求卓越和超凡出众，本身是一种积极的人生态度。但一味孤芳自赏，无视周围环境，就会与人们格格不入，招人厌恶。

战国末期（约前286—前233），韩国贵族韩非与吴起、商鞅的政治思想一致，著书立说，鼓吹社会变革。他的著作流传到秦国，被秦王嬴政看到，极为赞赏，秦王设法邀请他到秦国。但韩非才高招忌，入秦后，还未受到重用，就被李斯等人诬陷，冤死狱中。宏图未展身先死，纵使有满腹经纶又有何用？如果韩非不是招摇才华，而是谦卑抱朴，等待时机，或另待明主，或婉转上奏，使自己的政治抱负得以施展，相信他并非仅仅是一个思想家，同时又会成为一代名臣巨相，而不会成为一个悲剧人物。

有成语曰“锋芒毕露”。锋芒本是刀剑的尖端，它比喻显露出来的才干。古人认为，一个人若无锋芒，那就提不起来，所以有锋芒是好事，是事业成功的基础，在适当的场合显露一下既有必要，也是应当。

然而，锋芒会刺伤别人，也会刺伤自己，运用起来应小心翼翼，平时应插在剑鞘中。所谓物极必反，即过分外露自己的才华只会导致失败。尤其是做大事业的人，锋芒毕露既不能达到事业成功的目的，又会失去身家性命。

所以，有才华的人应该隐而不露，该装糊涂时一定要装糊涂，伺机而动。

杜祁公有一个学生做县官，祁公告诫他说："你的才华和学问，当一个县官是不够你施展作为的。但你一定要积存隐蔽，不能露出锋芒，要以中庸之道治理县政，求得和谐安定，不这样的话，对做事没有好处，还会招惹祸端。"

他的学生说："你一生因为正直忠信被天下尊重，现在却教我这些是什么原因呢？"

杜祁公说："我为官多年，做了许多职位，对上被皇帝知道，对下又被朝廷的官员相信，所以能抒发志向。现在你当县令，什么事情都会发生，牵涉到上下官吏，县令可不是好当的，如果你不被别人了解，你怎么能施展你的抱负呢？只会惹来灾祸罢了。这就是我要告诉你不方不圆，在中庸之道中求得和谐的这些话的原因啊！"

洪应明的《菜根谭》中说："矜名不若逃名趣，练事何如省事闲。"这句话的意思是说：一个喜欢夸耀自己名声的人，倒不如避讳自己的名声显得更高明；一个潜心研究事物的人，倒不如什么也不做来得更安闲。这正是“隐者高明，省事平安”之谓。

高明的人，他们能够防患于未然。不招风，不惹雨，使自己在错综复杂的社会里安身立命，善始善终。

古往今来，有不少智者、仁人，因为才能出众、技艺超群，招来别人的嫉妒、诬陷，甚至丢了性命。于是，避招风雨就成为一些高明的智者仁人从实践中总结出来的一种处世安身的应变策略。

三国时期，曹操的谋士之一荀攸，智慧超人，谋略过人，他辅佐曹操征张绣、擒吕布、战袁绍、定乌桓，为曹氏集团统一北方、建功立业做出了重要的贡献。他在朝20余年，能够从容自如地处理政治漩涡中上下左右的复杂关系，在极其残酷的人事倾轧中，地位始终稳定，立于不败之地，就在于他能谨以安身，避招风雨。

曹操有一段话形象又精辟地反映了荀攸的这一谋略：“公达外愚内智，外怯内勇，外弱内强，不伐善，无施劳，智可及，愚不可及，虽颜子、宁武不能过也。”可见荀攸平时十分注意周围的环境，对内对外，对敌对己，迥然不同。参与军机，他智慧过人，连出妙策；迎战敌军，他奋勇当先，不屈不挠。但他对曹操、对同僚，却不争高下，总是表现得谦卑、文弱、愚钝、怯懦。

有一次，荀攸的姑表兄弟辛韬曾问及他当年为曹操谋取袁绍冀州的情况，他却极力否认自己的谋略贡献，说自己并未做什么。

荀攸为曹操“前后凡划奇策十二”，史家称赞他是“张良、陈平第二”，但他本人对自己的卓著功勋却守口如瓶，讳莫如深，从不对他人说起。他与曹操相处20年，关系融洽，深受宠信，从来不见有人到曹操处进谗言加害于他，也没有一处得罪过曹操，使曹操不悦。

建安十九年（214），荀攸在从征途中战死，曹操知道后痛哭流涕，说：“孤与荀公达周游二十余年，无毫毛可非者。”并赞誉他为谦虚的君子和完美的贤人。这都是荀攸避招风雨、精于应变的结果。

避招风雨的应变策略，初看起来好像比较消极。其实，他并不是委曲求全、窝窝囊囊地做人，而是通过少惹是非、少生麻烦的方式，更好地展现自己的才华，发挥自己的特长。

实际利益有时更能打动人心

如果我们想成就一番大事业，单靠自己一人的力量是不行的，必须善于借助别人的力量。而要想借助别人的力量，我们就应牢记：人者利为先，用利益驱动别人为己所用。

在长篇历史小说《曾国藩》中，有这么一节：

曾国藩初握兵权时，对属下要求极其严格。曾国藩治下的湘军，以“扎硬寨，打死仗”闻名。曾国藩追求的是“多条理、少大言”“不为圣贤，便为禽兽”“莫问收获，但问耕耘”。梁启超称赞他是“其一生得力在立志，自拔于流俗”“历百千艰阻而不挫屈；不求近效，铢积寸累，受之以虚，将之以勤，植之以刚，贞之以恒，帅之以诚，勇猛精进，艰苦卓绝”，其“非有地狱手段，非有治国若烹小鲜气象，未见其能济也”。

但是，曾国藩对待下属比较“吝啬”：在向朝廷保荐有功人员时，“据实上报”，一是一，二是二，有多大功劳就是多大功劳，不肯多报一点，更别说虚报那些无功人员了。这样一来，那些为他出生入死的属下就不乐意了，在以后的战役中，明显没有以前勇猛。

曾国藩不明就里，直到有一天，其弟曾国荃对他说：“大哥，弟兄们现在不卖力干活全是因为你的‘据实上报’啊，你是朝廷大员，你可以‘修身齐家治国平天下’，你可以百世流芳，这是你的追求。可弟兄们没有你那么高的追求，他们要的就是眼前的利益。弟兄们流血卖命打仗，图的是金银财宝和有个官职以封妻荫子，你不给人家好处，谁给你卖命啊？”

一番话点醒梦中人，尽管曾国藩是一个理想主义者，但在现实面前只能妥协。

我们如何才能让别人追随自己、帮助自己呢？当然，这也是因人而异的。对于一等人才，讲究的是志同道合，即有共同的理想和奋斗目标。这样的人物，是与自己在同一层面上的合作者。

然而，对于次等人才，除了理想、人格魅力以外，也许更重要的是实在的利益和好处。就像那些普通的“湖湘子弟”，他们不可能都在历史上留下自己的名字，也许他们也有对理想的追求，但眼前的实际利益无疑更能打动他们。

一等人才毕竟有限，我们更多需要依靠的是那些次等人才，所以与这些人才博弈的过程中，我们一定要用利益驱动他们为己所用。

“没有永远的朋友，也没有永远的敌人，只有永远的利益”，从政也好，经商也罢，若无利可图，谁也不会与你合作，为你所用。看透这一点，你在博弈中才能进退自如。

所以，要打动对方，你首先要考虑能够给对方什么，了解对方要什么，其次考虑自己能否给对方这些东西。简而言之，打动对方的方法是：考虑在自己能够接受的范围内能给对方什么好处。

不给对方好处，对方就不予合作，你也无法获利。给的好处少了，对方的劲头不高，合作程度也低，你的获利也就少。只有给对方最大限度的好处，对方才能全力以赴，你也才能取得最大的利益。

消除误解，修护断裂的人情链

我们生活在一个由人构成的社会中，人与人的长期交往会形成一个人情链子，当这个链子出现断裂的时候，要懂得修复。当与人产生矛盾的时候，要懂得及时修补。下面的方法可以帮助你：

1. 当面说清楚

虽然误会的类型各种各样，但是最简捷、最方便的解决方法是当面说清楚。

大多数人都喜欢这种方法。因此，如果有误会需要亲自向对方做出说明，千万不要找各种借口推脱。你一定要战胜自己的懦弱，克服困难，想方设法地当面表明心意，千万不要通过第三者转达。

2. 不要放过好时机

解释缘由，消除误会，必须选择好时机，一定要考虑对方的心境、情绪等情感因素。你最好选择升职、涨工资或婚宴等喜庆日子，因为这时对方心情愉快，神经放松，胸怀也较为宽广。如果你能抓住这些时机进行表白，往往能得到对方的谅解，双方会重归于好。

3. 请同事帮忙

在工作中你会和同事产生矛盾，双方的误解涉及许多方面。自己解决可能会受到限制，有时候不能明白透彻地说清楚，这时候，你可以请其他同事帮忙，把事情彻底地弄清楚。

当然，你也不必兴师动众，叫上一帮同事大费口舌。当误会不便于直说，你们双方又都觉得心里不愉快，产生了隔阂时，你只需要让同事帮你们创造一个畅谈的机会。

在和谐、友好的气氛中，彼此间心理上的距离便会缩短，许多小误会和不快都会自然地消失。遇到和上司、和同事之间的不愉快，尤其是因为自身原因引起的，不要刻意回避，问题一日不解决，你的损失会越来越大。

防意如城，凡事要把握分寸

人生中最难把握的两个字是“分寸”。有专家曾说过这样一句话：守口如瓶，防意如城。这是什么意思呢？意思就是告诉大家说话要谨慎。可是我们做不到缄口不言，唯有小心谨慎而已。这是对自己的安全和品行的一种保护措施。

社会上总有一些人唯恐天下不乱，每天都在兴风作浪，把别人的短处和隐私、把人与人之间的是非编排得有声有色，夸大其词，逢人就说，不知由此种下了多少怨恨的种子。

如果遇到这样说某某人短处的人时，我们唯一的办法是听了就算，像别人告诉我们的秘密一样，三缄其口，不可做传声筒，不要深信这片面之词，更不必记在心上。如果贸然把听到的片面之言宣扬出去，十有八九被认为是颠倒是非，混淆黑白。

说出的话就像泼出去的水，是收不回来的。当我们意识到自己说错了时，我们还能把话从别人的耳朵里掏出来吗？这时，我们要做的就是不应该散布别人的是非，对自己的秘密也应该少开口为妙。

俗话说："逢人只说三分话，不可全抛一片心。"这是保护自己的一种方法。

每个人都有自己的秘密，我们或许一时冲动去找别人倾诉。但这样做的结果，很可能会因把秘密泄露出去而自取其辱，自找不悦。世界是复杂的，我们"抛出一片心"说不定正好进了别人的陷阱。

人与人之间只有在舍弃了竞争或明知竞争无用的情况下，才有真正的友谊。在竞争关系中交真心、动真情，最终只会更加尴尬而自寻烦恼。这是人性的一种弱点，不是我们所能改变的。

有些无原则性子比较直的人，总喜欢找一两个"靠得住"的朋友，这样一来相互间有个照应，二来逢有"掖不住的话"时可以有个倾吐之处。但有关研究调查表明，对于社会里道出的个人秘密，只有不到1%的听者能恪守得住。

这也难怪，现代社会充斥着利益上的竞争，在这种竞争之下，能找到几个真正可以守秘密的朋友？这就好比“文人自古多相轻”，为什么相轻呢？就是因为互相不服气！在同一境地里，多是相同利益、相同地位的朋友，如果利益和地位的天平出现失衡，那么原来的朋友就靠不住了。如果你对对方任友唯亲地无话不说，甚至暴露自己的隐私，你就无异于犯了一大“嘴忌”——他没有经过“艺术加工”再传出去，就算对得起你了。

所以，在当今竞争如此激烈的环境里，最好管住自己的嘴，不要到处诉苦，更不要把同事之间的“友善”和“友谊”混为一谈，以免使自己成为大家注目的焦点，留下不良印象。

这个世界上到处充满了斗争与矛盾，社会上处处都可能有小人，而且“易退易涨山溪水，易反易覆小人心”，也就意味着处处都充满了陷阱，君子又斗不过小人，说话稍有不慎，便有被套进去任人宰割的危险。

知音难求，我们为了一时的畅快，对并非相知的人畅所欲言，那么结果会怎样呢？很可笑！如果双方关系浅薄甚至只有一面之交，我们把自己的秘密都说出来，就显出我们没有修养。对方会认为我们不配与他深谈，觉得我们冒昧。我们对他肝胆相见，对方也许还不耐烦呢！

由此可见，说三分话不是狡猾和不诚实，而是一种修养。我们说话时必须看对方是什么人，对方若不是可以推心置腹的人，我们能对他说三分话，已经很多了。

孔子曰：“不得其人而言谓之失言。”和对方不是深交，你也畅所欲言，海阔天空无所不谈，那就显得自己有些没有修养，第一，别人不一定对你所说的话感兴趣，第二，别人就算有兴趣也不一定喜欢听你说。所以，逢人只说三分话不是不可说，而是不必说不该说，当然也不是狡猾和不诚实了。

聪明人对于任何事情，在任何时候都会为自己留一条后路，如果轻率地作出承诺而没有兑现就会招来耻笑。一件事情只显现出它的三分而留七分在其后，不管事情发展如何你都有足够的空间去把握。

有这样一则寓言故事：

有一天，狮子把羊叫过来，问自己是否很臭，羊说："是的。"狮子就把它的脑袋咬掉了。

狮子又把狼叫来问同样的问题，狼说："不臭。"狮子又把狼咬成了碎块。

最后，狮子把狐狸叫来问，狐狸说："我感冒得很厉害，闻不出来。"结果狐狸活了下来。

可见，说话太诚实了不行，而尽说好话奉承的也会遭殃，而只说三分话才是恰到好处的。遇到合适的人，不是说话的时间只能随便聊两句；遇到刚好的人，时间也允许，但是地方不妥也不能大开座谈会。没遇上谈得来的人，地方又不对，说三分话都太多了；倒是碰上一个有趣的谈话对象，如果说三分正好引起对方的注意，再加上环境好、时间好，那就有发挥七分的余地。所以，任何事情恰如其分才最好。

第六章

给语言加点料，会说话让应酬更有效

在应酬时，可以说没有人会想方设法去得罪人，很多时候，我们得罪人都不是有意的，而是在语言表达上出现了偏差。古人云：“失之毫厘，谬以千里。”说话更是如此，如果我们在语言表达上出现了一点儿偏差，就会导致意义的相差万里。

如果想减少这种麻烦，或者说通过说话让应酬更加顺利，那么一定要在语言表达上下功夫，使其更打动人心。

会说场面话，不听场面话

会说场面话，不听场面话，你就能够成为交际场上的智者，游刃有余，八面玲珑。

生命不会从谎言中开出灿烂的鲜花，但说些无伤大雅的场面话却是你在这个变幻莫测的社会中生存下去而不得不学会的一种本领。一个人不可能对别人面前表现得最真诚的一面，正如一个人不能把别人说过的每一句话都信以为真一样。场面话，总是可说不可信，一旦你违背了这条原则，善良便会退化为愚钝，真诚也会成为伤害自己又危及他人的利器。

小谢是一名化妆品推销员，主要工作就是进入各个小区，上门推销化妆品。

有一次，她敲开了一家住户的门，开门的是这家女主人。女主人开门之后一看是推销员，就有些不高兴了，说："谢谢，我不需要化妆品。"

眼看女主人要关门了，小谢也打算转身离去，突然看见现女主人身后跟着一只金毛，立刻来了一句："哇，你家的金毛太可爱了。"

女主人听到这话，突然停下正在关门的动作，脸上也露出了笑容，接过话说："那当然了，这条狗可通人性了，当初是花大价钱买的。"

小谢通过赞美说好了场面话，立刻赢得了女主人的欢心。

不知不觉中，女主人就跟小谢攀谈了起来，越说越投缘，慢慢地，女主人对化妆品的好感也油然而生。

"这套化妆品最适合您的身份了，高贵大气，真的很合适。"小谢接着又说了一些场面话，最后在她的推荐下，女主人高兴地买了几件化妆品。

称赞是最好的场面话，也是永不过时的。在交际中，称赞别人很容易获得他人的好感。当然，凡事不能太过，一定要把握好分寸。

张华是某公司的业务员。有一次，老板让他针对某种农产品进行市场调研，一个月内出一份调研报告。接到这个任务后，张华有点慌，因为这是他第一次做产品调研，几乎什么都不懂。但是，办公室的老业务员刘总，市场调研做得很熟练。

第二天早晨，张华很早就到了公司，给刘总买好了早餐，然后就说：“大家都知道，您是市场调研的专家……所以，这份调研没有您的指点怎么行？”

大家都知道，张华说的是客套话，但是他说得很诚恳，刘总听得也很开心。这个业务难题就这样被张华轻松搞定了。

除了赞美，还要懂得适当地迎承。“好，下次见”“如果需要，我肯定会帮忙的”“有时间一起吃饭”，等等，很多时候，这些话是不说不行的。袒露之心犹如在众人面前摊开的信，那些心有城府的人总是懂得隐藏，他们所说的话大都只是些场面之言。如果你把别人的这些话都当真了，那就只能证明你的天真和幼稚了。

作为一个为人处世的高手，我们不但要能听懂他人所说的场面话，而且要会说场面话，在适当的场合说一些能取悦他人的话是我们必须培养和锻炼的一种能力，否则我们就不能在社交中游刃有余，有时候还会因为不能很好地说一些场面话而得罪一些人，给自己的工作和生活带来一些不必要的麻烦。所以会说场面话固然重要，但更重要的是能说出让对方喜欢听的言语。

有种低情商叫心直口快

心直口快就可以口无遮拦地想说什么就说什么了吗？当然不是！这只是一些人用来掩饰自己情商低的一种表现。

周洁的口头禅是“我是个实在人”，但是她旁边的人都很怕听到这句话，因为这句口头禅后面总是会发生一些让人非常尴尬的事情。

“早上好啊，小兰，你今天很漂亮。”周洁对迎面而来的同事李兰说道。

“谢谢。”本来这样的称赞就已经让女孩子心花怒放了，但是周洁却管不住自己的嘴，又画蛇添足地说道：“我是个直性子，所以我不得不说，你今天穿的这双鞋……虽然看起来是新的，但怎么那么土呢！跟你的衣服有点不搭配。唉，败笔，败笔啊！”

李兰低头看看自己的鞋，早上快迟到了，她就随便找了一双鞋穿上了，确实有点不搭。听周洁这么一说，李兰脸一红，低着头一言不发地走开了。

看着李兰不好意思的样子，周围的人都向周洁投去了责怪的目光。周洁却理直气壮地说：“怎么了？我就是有话直说啊！”

周末，几个好朋友在一起聚会。周洁因为堵车迟到了，一进门就大声地抱怨。

“哎呀，你们选的这个地方真的是太难找了！我打车找了半天都找不到！”

闺蜜之间聊起了彼此的男朋友，周洁又来了兴致。

“哎呀，我是个实在人，有话就直说。我觉得他就是对你不上心，赶紧分了算了！你看他有什么啊！”周洁只顾着自己一吐为快，根本没有注意到闺蜜们的脸色越来越难看。

“我是个实在人，有一说一啊！”理直气壮的周洁一直都不明白为什么闺蜜们离她越来越远了。

生活中有类似“周洁”这样的人，他们本着“为你好”的初衷，用“我是个直肠子”“我老实，有话直说”做掩护，在不涉及自己利益的前提下，肆意地干涉别人的生活。如果身边有这样的朋友，或许很多人都会用他们给出的理由——“直性子”来原谅他们的行为。但如果是和对方初次见面，擅长制造尴尬气氛的他们，恐怕会让别人敬而远之。难道直性子就能口无遮拦，不顾对方的身份，无视自己的立场，不分场合、不分时间地想说什么就说什么吗？答案当然是否定的。

胸无城府也好，善良单纯也罢，但是想说什么就说什么肯定是不受人欢迎的。口无遮拦不是性子直，而是一种越界的行为。

平日里那些口无遮拦的人，他们没有分清自己的生活和别人的生活之间的界限，甚至已经干扰到了别人的生活。或许他们的初衷是好的，但是经常令人反感。久而久之，原本关系不错的朋友也会因为尴尬而疏远。

或许我们都曾听到过这样的理由：“因为我们是朋友，我才跟你说这个。”“不是因为关系好，我才不告诉你呢！”“恶语伤人六月寒”，来自“朋友”的伤害比陌生人的杀伤力更大。语言是一门艺术，它是我们交流和相互理解的桥梁和媒介，而不是用来伤人的利器。所以，那些“为你好”的话语实际却伤害了别人，这种行为应该立即停止，那些在“老实”的掩饰下毫无遮拦的嘴巴也要赶紧寻找“门卫”，避免祸从口出、得不偿失。

乐乐在她的朋友圈里是有名的“好人缘”，大家对她的喜欢是发自内心的。每当有人遇到什么事，都愿意跟乐乐分享。因为大家都说，她可以提供最有用的方法。大家愿意相信她所说的话，是觉得她真诚、坦率。直性子的她从不乱说话，即使自己对某件事情有自己的见解，她也会再三斟酌才会说出，也不会掩饰或者故意歪曲自己内心的想法。

前几天，乐乐的好闺蜜跟男朋友闹分手，大家都知道她这个闺蜜的男朋友“不靠谱”，而乐乐既没有和她一起控诉闺蜜男朋友的万恶行径，也没有以局外人的身份冷眼相待，而是诚恳地帮她分析原因、找出问题，站在闺蜜的角度向她提出建议。这样既免了“得罪”闺蜜，还帮助了她。

乐乐常说：“要多站在别人的角度上思考，心直口快不一定是好事，重点要看能不能让别人接受。说话的方式有那么多，何必非要选择大家都无法接受的那种呢？再说了，口无遮拦只能暴露自己的无知！”

故事中的乐乐是一个非常聪明的女孩，直性子的她没有选择快人快语，而是站在对方的角度考虑问题，这样才不会让别人有被强行干涉的感觉，也不会因为言语不妥而起冲突，真正做到了既帮助别人，也没有令人不快。

如果有人将直性子简单粗暴地理解为“想说什么就说什么”“口无遮拦”，那么他所谓的直性子也只能是一种任性。一个成熟的人应该控制住自己的表达欲，并且能将自己的观点准确地表达出来，这其中当然包括筛选的过程。因此，请不要让直性子为自己的口无遮拦“背黑锅”，而要学着让自己变得成熟起来。

站在对方立场说话，更容易打动人

总有一些人，习惯将自己的想法意见强加给别人，总觉得自己的做法和意见才是最好的解决方式。虽然出发点是好的、是为了帮助别人解决某些问题，但是始终没有站在对方的立场上想过这样是否合适？所以，当我们和别人商谈什么事情时，不应该自我确定标准和结论，应该先站在对方的立场考虑，关心询问对方对这件事情的看法以及解决问题的方法，而不是直接讲一番大道理来逼迫对方接受。

在与对方沟通时，站在对方的立场上，才能让别人听着顺耳。觉得舒服。站在对方的立场上，设身处地地想，设身处地地说。如此，不仅能使他人快乐，也能使自己快乐。

站在对方的立场考虑问题，你会发现，你与他有了共同的语言，他的所思所想、所喜所恶，都变得可以理解甚至显得可爱。在各种交往中，你都可以从容应对，要么伸出理解的援手，要么防范对方的恶招。许多人不懂得如何站在对方立场上思考和说话，这是导致很多事情做不成功的一大原因。

站在对方的立场上说话，能给对方一种为他着想的感觉，这种投其所好的技巧具有极强的说服力。要做到这一点，“知己知彼”十分重要，唯先知彼，而后方能站在对方的立场上考虑问题。成功的人际交往语言，有赖于发现对方的真实需要，并且在实现自我目标的同时给对方指出一条可行的路径。

某精密机械工厂生产某项新产品，将其部分部件委托给另外一家小型工厂制造，当该厂受托将零件的半成品呈示总给这家精密机械工厂时，不料被鉴定为不符合要求。

由于新产品迫在眉睫，这家精密机械厂负责人只得令其尽快重新制造，但小厂负责人认为他是完全按这家精密机械厂的规格制造的，不愿重新制造，双方僵持起来。

精密机械厂长在问明原委后，便对小厂负责人说："我想这件事完全是由于公司方面设计不合理所致，而且还令你吃了亏，实在抱歉。今天幸好有你们帮忙，才让我们发现竟然有这样的缺点。只是事到如今，事情总是要完成的，你们不妨将它制造得更完美一点，这样对你我双方都是有好处的。"

那位小厂负责人听完，欣然应允。

对此，也许你会产生质疑："站在对方的立场上说来容易，实际要做的时候却很难。"没错，站在对方的立场来说话确实不容易，但不是没有可能。许多口才不错的人都能做到这一点。因为不这样做，谈话成功的希望就可能是很小的。真正会说话的人，善于从他人的角度来设想，并且乐此不疲。然而，他们也并非一开始就能做得很好，而是从一次次的说服过程中吸收经验、吸取教训，不断培养自己养成这种习惯，最后才达到这样的境界。因此，只要你愿意，这并不是一件太大的难事。

站在对方的立场上思考和说话，设身处地地为别人着想，往往能让人非常感动。

现在有一个很流行的说法是"理解万岁"，一个人最大的痛苦之一是没人理解，如果我们能站在别人的立场上说话，那对于别人来说是一种莫大的幸福。

有位企业家曾说过："如果说成功有秘诀的话，那就是站在对方立场上认识和思考问题。"如果你与别人意见不一致了，假若能站在对方的立场上认识和思考问题，你也许会发现自己错了。如果你肯主动承认错误，就会使矛盾很快得到解决，还会在诚恳中使对方建立起对你的信任。

戳人痛处，小心惹人又害己

我们在与他人谈话时，要避开他人的忌讳，尤其是面对有生理缺陷的人，更要避开戳到他人痛处的话题，否则就会引起别人的反感，甚至招来怨恨。

小马先天秃头。一天，大家在一起聊天，得知小马的发明专利被批准了。

小陆快嘴说道："你小子，真有你的，真是热闹的马路不长草，聪明的脑袋不长毛。"逗得大家哄堂大笑，小马的脸也红了起来。

开玩笑的人动机大多是好的，但如果不把握好分寸、尺度，就会产生一些不良后果。所谓"说者无心，听者有意"。因此，掌握说话艺术需要我们在生活中多观察、多总结，避开别人的痛处，只有这样，才能够愉快地与他人沟通。

生活中，夫妻双方发生争执是很正常的事，但有的人口不择言，喜欢揭对方的短处或对方的丑处，甚至当众让对方出洋相，让对方无地自容，从中获得快感，以降服对方。比如，丈夫对妻子说："女人嘛，做得好不如嫁得好。你不但不'会做'，就是会做，若不是嫁给我，你今天能活得这么滋润、这么尊贵吗？"或者对对方说："别以为你拿了大学文凭就有什么了不起的，蒙得了别人，蒙不了我，不就是拿钱买来的吗？""我那位啊，在别人面前人模人样，在家里我让他学鸡叫就学鸡叫，我让他学狗爬就学狗爬，熊样！"这样的话太伤人自尊，但偏有人喜欢说，意在取得更优越的地位。

当你戳到对方痛处的时候，一定要及时地意识到自己的不妥之举。比如一个人失恋了，伤心不已。这时最忌戳对方痛处，最合适的安慰方法是和失恋者一起找一些快乐的事，让他在交流过程中慢慢消减痛苦。而不应该不分青红皂白，故作高深地来一句："我早就看出他（她）不是好东西。""他（她）这是存心骗你，当初说爱你的那些话都是假的。""你不知道他（她）是在利用你啊？"诸如此类使失恋者在伤心的话语尽量少说，否则会给对方多增添一份窝囊和寒心。

如果一不小心戳到别人的痛处，我们应该尽快寻找补救措施，比如也戳一下自己的痛处。

某学生寝室，初到的新生正在争排座次。

小林心直口快，与小王争执了半天，见比自己小几日的小王终于叨陪末座，便说道："好啦，你排在最末，是咱们寝室的宝贝疙瘩，你又姓王，以后就叫你'疙瘩王'啦。"

说者无心，听者有意，原来小王长了满脸的疙瘩，每每深以为恨，此时焉能不恼？小林见惹来了风波，心中懊悔不已，表面上却不急不恼，巧借余光中的诗句揽镜自顾道："'蜷在两腮分，依在耳翼间，迷人全在一点点'。唉，这真是'一波未平，一波又起'呀！"

小王听了，不禁哑然失笑——原来小林长了一脸的雀斑。

在日常的交际应酬中，说话避开别人的痛处有哪些步骤呢？

1. 事先了解别人的痛处、忌讳在什么地方。

2. 说话的时候时绷紧一根弦，就是不提到这些话题。即使对方提了出来，也只能敷衍两句，而不是趁机高谈阔论一番。

3. 若是一不小心戳到了别人的痛处，要赶快不露声色地弥补。最好的办法是说出自己类似的方面，这样大家就“平等”了。

随机应变，拒绝他人的不当请求

与人相处，人们经常会遇到这样的情况，即面对爱人、亲人、好友等亲密之人的请求，比如借钱、帮忙做某事，等等。许多时候，我们并不愿意答应这些请求，却又不好意思说“不”，就会使自己陷入十分为难的境地。如果违心地答应下来，是为自己添烦恼；如果假装答应却不做，又失信于人。

老周在法院工作，他一个好朋友的亲戚犯了法，正好由他审理，好朋友的亲戚托好朋友请老周吃饭，并且给老周包了一万元钱的红包，希望老周网开一面，从轻发落。如果老周接受了钱，那就是知法犯法，到时会给自己招惹不必要的麻烦。如果不接受，又可能伤了朋友之情，并让对方在亲戚面前脸面无光。老周左右为难，不知如何是好。

一般来说，尽可能地帮助自己的亲密之人，这是人之常情。但是，面对亲密之人的不当要求，我们一定要坚持自己的原则。特别是当他们的要求有违国家法律法规、有违社会公共道德或有违家庭伦理时，我们更应坚守自己的原则立场，毫不留情地予以拒绝，还应帮助对方改变那些错误的思想和行为。

拒绝亲密之人的不当要求是一门学问，是一门应变的艺术。

要想在拒绝时既消除了自己的尴尬，又不让对方无台阶可下，这就需要掌握一些巧妙的拒绝方法，比如：

1. 巧绕圈子

别人以什么样的理由向你提出要求，你就用什么样的理由拒绝，这就是巧绕圈子的方法。

小王毕业以后被分到一个小地方打杂，起初很失意，成天和一帮哥们儿喝酒、打牌。后来逐渐醒悟过来，开始报名参加等级考试。

有一天晚上，小王正在埋头苦读，突然一个电话打过来叫他去某哥们儿家集合，一问才知道他们“三缺一”。

小王不好意思讲大道理来拒绝他们的要求，也不想再像以前没日没夜地玩了，便回答说：“哎呀，哥们儿，我的酸手艺你们还不清楚啊，你们成心让我‘进贡’嘛，我这个月的工资都快见底了，这样吧，一个小时，就打一个小时，你们答应我就去，不答应就算了。”

一阵哄笑后，对方也不好食言，后来他们都知道小王已经另有他事，也就不再打扰了。

2. 敷衍拒绝

敷衍式的拒绝是最常用的一种拒绝方法，敷衍是在不便明言回绝的情况下，含糊地回绝请托人。拒绝亲密之人的不当要求也可采用这一方法。运用这种方法时，也需对方有比较强的领悟能力，否则难以见效。我们在采用这种方法时，可以运用推托其辞、答非所问、含糊拒绝等具体方式。

3. 巧妙转移

面对别人的要求，你不好正面拒绝时，可以采取迂回的战术，转移话题也好，另有理由也罢，主要是善于利用语气的转折——绝不会答应，但也不致撕破脸。比如，先向对方表示同情，或给予赞美，然后再提出理由，加以拒绝。由于先前对方在心理上已因为你的同情而对你产生好感，所以对于你的拒绝也能以“可以谅解”的态度接受。

面对亲密之人提出的不当要求时，切忌直接拒绝。尽量使用间接拒绝的方法。从对方的立场出发，阐明自己的观点，就会使对方自然而然地接受了。

此外，拒绝别人时，也要有礼貌。任何人都不愿被拒绝，因为被别人拒绝，会使人感到失望和痛苦。当对方向自己提出不合理的要求时，你可能感到气愤，甚至根本无法忍受，但你也要沉住气，毕竟出席宴会的还有其他人，你千万不可大发雷霆、出言不逊、恶语伤人。

在拒绝对方时，更要表现出你的歉意，多给对方以安慰，多说“对不起”“请原谅”“不好意思”“您别生气”之类的话。由于你十分有礼貌，即使对方想无理取闹，也说不出什么，别人也会觉得你是一个彬彬有礼的人而愿意与你亲近。

两难问题，含糊其词好解脱

《菜根谭》中曾说：“鹰立如睡，虎行似病。”也就是说，老鹰站在那里的样子好像睡着了，老虎走路时的姿态好像它生病了，正是它们看似平常甚至孱弱的姿态，让它们的猎物被老鹰和老虎这种看似“糊涂”的行为所欺骗，放下了防备心，所以它们往往能趁其不备出击，顺利达到自己的捕获目的。

人们常常说“难得糊涂”。在与人交往的过程中，常常会遇到有人问你一些很尖锐的问题，这个时候不管你怎么回答都不合时宜，此时就要学会答非所问，揣着明白装糊涂，只有这样才能避免一不小心让自己陷入尴尬的境地。

装聋作哑的人，往往是具有高深智慧的人。所谓“大智若愚”说的就是这种人，他们不是真的傻瓜，而是在装糊涂。“水至清则无鱼，人至察则无徒”，凡事太认真，就会对什么都看不惯，连一个朋友都容不下，更难以应付复杂的社交场合。

在应酬的时候，有时需要含糊地说而不必明说，尤其遇到回答“是”或者“否”的问题时，不管怎么回答都会给自己带来麻烦，这时候就需要含糊法。

含糊法是运用不确定的、不精确的语言进行交际的方法。在交际中运用适当的含糊说法，也是一门必不可少的艺术。例如，你想请别人到办公室找一个不认识的人，你只需要用模糊的语言说明那个人的特征，比如矮个儿、瘦瘦的、高鼻梁、大耳朵，便不难找到了。倘若你具体地说出那个人的身高、腰围的精确尺寸，他反而很难找到这个人。因此，我们在办事时要学会含糊地说话。

一般来说，含糊法主要有以下几种：

1. 宽泛式含糊法

这是一种用含义宽泛、富有弹性的语言传递主要信息的方法。

例如，当你约人见面时，为了表示尊重对方，显得随和，也要用模糊语言。比如说："明天上午我在家，你有空就来吧。"或是说："请您明天上午来，我在家等您。"

如果你说得很明确："请你明天上午 9 点准时到我家里来。"这样会让人有一种被"勒令"的感觉。若是约请上级、长辈或异性到家里来，这样说话就显得不礼貌、不客气了。

2. 选择式含糊法

这是一种根据办事的不同目的，用具有选择性的语言来表达的方法。

当学生在课堂上回答不出问题时，老师不宜这样训斥学生："你怎么搞的？昨天你肯定没有复习！"而应当模糊地说："看来，你好像没有认真复习，是不是？还是因为有点紧张不知该怎么说呢？"

最好把批评对方的缺点和过错变成提出希望和要求，上面的话最好说成："希望你及时复习，抓住问题的要领，争取下回作出圆满的回答好吗？"

以上列出的两种含糊法，你要针对不同的情况加以选择应用，以帮助你在应酬场合如鱼得水，使你办事更加顺利。

第七章

精通宴请文化，有益于事业发展

在中国，无论是在繁华的都市，还是在偏僻乡村，最常见的一种交际方式就是请客吃饭。中国人很看重面子，在很多场合解决不了的事情，在宴请的过程中，则能顺利地解决。尤其是在生意场合，请客吃饭更能促成交易的完成。

但是，我们如果不懂得宴请之道，在吃饭的时候出现了失误，哪怕是一点儿小小的失误，都可能引发严重的后果。

宴请不简单，须有全局观念

宴请是人们在日常交往中最常见的交际形式，它是广交朋友、建立联系的媒介，也是了解情况、解决问题的场合。同时，宴请也是一个永恒的难题，在宴会结束之前，你永远不知道席间可能会发生什么事，所以在宴请前你必须要未雨绸缪，精心设局。

所谓设局，就是设一个好的局，一个能够自我完善的局，这需要谋局者事先统筹规划，考虑到可能发生的种种情况，力争做到万无一失，才能稳操胜券。

其实宴请就是“做局”，如何将这场局做得滴水不漏，是宴请者的必修功课。一个善于“做局”的宴请者，必须懂得如何巧做宴前准备，力争每一个细节都达到完美，从而帮助自己成事。

一个好的局绝对不是一蹴而就的，它往往需要“做局”者在“做局”前精心准备，这个精心准备的过程就是设局。设一个好的宴请局，设局者必须要有全局观念，要将宴会中可能出现的所有问题扼杀于萌芽状态。只有这样，设宴者才能占尽天时地利人和，抢占制胜的先机。

如果你做不到未雨绸缪，不仅宴会成功与否是个未知数，而且你的宴请举动还可能造成事与愿违的后果，让你吃力不讨好、社交失败不说，还可能得罪了重要的客人，你今后的前途也就可想而知了。

周某新婚在即，打算邀请单位同事以及一些朋友来参加婚礼，印发请柬时，未婚妻问他：“你们办公室黎主任跟她先生是发一张还是发两张请柬啊？”

“发一张吧，两口子发两张干吗？”周某头也没抬地说。

周某的喜宴设在佳苑饭店，当天是个好日子，在佳苑设喜宴的有三家，所以三家商量好持请柬入宴，免得各家的客人搞混了。

黎主任夫妻二人原本是一起到的，但她先生由于找车位费了点时间，黎主任就先入场了。等到她先生停好车打算进宴会厅时却被接待拦住了。

接待说：“这位先生，今天我们这层被包下了，办喜宴，如果你想用餐请到其他楼层。”

黎主任的先生说：“哦，我知道，我也是来赴宴的。”

“哎呀！不好意思，请问您是到哪家啊，可否出示您的请柬，顺便在这边签个到。”接待道歉说。

“请柬我太太拿着的，她应该先进去了，我们是来参加她同事周某的婚礼的。”黎主任的先生说。

“对不起，今天我们这边三家举办喜宴，有两家姓周，所以，我也不知道您入哪个厅……”

最后，实在没有办法，黎主任的先生只能打电话将黎主任叫出来才得以入厅，不过当时他的脸色很不好。是啊，前来赴宴被拒之门外的滋味肯定不好受。再看黎主任，也是一脸的不悦，嘴里还直嘀咕：“既然是持请柬入宴，干吗不发两张啊！”

如果周某事先知道有两家与他在同一时间、同一地点举办喜宴，那他应该会考虑到专门安排人在门口接待并引入宴会厅；如果周某事先知道黎主任和她先生先后入宴，那他就会送发两张请柬（国际上的通常做法，如邀请夫妇二人，可合发一张请柬，我国有些场所需凭请柬入门，所以要夫妇二人各发一张）；如果黎主任知道持请柬入宴，也应会等丈夫一起入宴。

当然，上述的假设都不存在，事实是周某完全没有考虑到上述的情况，所以事先并没有设计好应对的方法，也只好承受得罪人的后果了。

所以，宴请之前必须做好准备，比如宴请的类型有很多，不同的宴请在菜肴、人数、时间、赴宴着装等方面有着不同的要求。此外，具体采用哪种形式的邀请也应根据你宴请的目的、邀请的对象以及活动经费等有所区别和选择。

宴会作为商务人士绝佳的交流平台，可以令赴宴的陌生人由不熟悉变得熟悉，让一直心怀戒备的人放下戒备，让竞争对手变成合作伙伴，让领导变成朋友甚至伯乐……所有的人际关系都可能因一场宴会而改变，所以宴会前的准备马虎不得，如果有一个细节做得不到位或者出现问题，就可能使这种请客吃饭的好事变成坏事，甚至造成客户流失、被人小看、领导不满、职位不保、生意泡汤等恶果。

宴请之中，要想安排令宾主满意的饭菜，吃得既美味又舒适，并非易事，绝对不能想当然地随便处理。也许你的好意安排，反而触犯了别人的忌讳。因此，一定要在宴请之前对所请客人的饮食习惯进行一番较为详细的了解，这样在宴请的时候才能做到有的放矢，避免还没“做局”就已出局的事情发生。

失败的宴请准备会成为你交际中的败笔，因为它会使人对你的诚意和能力产生怀疑。无论你是为了求人办事或其他原因宴请别人时，一定要做好宴请的准备工作，不可有丝毫大意。

所以说，无论是设宴请客还是应邀赴宴，都应该未雨绸缪，预先考虑宴会中可能发生的事情，提前做好准备，这样才能将自己淬炼成“会吃会喝”的宴会高手！

无功不受禄，给宴请一个合适的理由

中国有句古话叫“无功不受禄”。因此，请别人吃饭一定要找个合适的理由，只有恰当的宴请能大大拉近人与人之间的关系，从而提高办事的成功率。如果对方能欣然赴宴，那么求他办的事就等于成功了一半。

刘强是刚毕业的大学生，初入职场的他和办公室里元老级的同事总有些不合拍，连科长都说他有些木讷。办公室里的同事总能找到理由请客，科长也时不时欣然前往。刘强却被孤立，虽然他也在寻找请客的理由，以期拉近和大家的关系。刘强即没有女朋友，生日也还有半年多的时间，他实在找不到可以宴请大家的理由，又怕落个马屁精的称号。这一天，刘强在路边的饭厅吃午餐，看到对面有个福利彩票销售点，很多人排队买彩票。刘强灵光一闪，顿时想到一个好办法。

从那以后，刘强开始买彩票，还有意无意将买来的彩票遗忘在办公桌上。刘强买彩票的消息，在同事间不胫而走。还没等大家把这个消息炒成办公室最热门的话题，一天早上刘强郑重地宣布自己获得一个两万元的奖。下班后，刘强将同事和科长请进了饭店，酒足饭饱后，从大家的眼神里刘强看到了认可和友好的神情。

从此以后，刘强渐渐融入了办公室这个大集体，上司和同事也都对他伸出帮助之手。就连他以后结婚的事，也是科长和同事鼎力相助的结果。这一切还得感谢那次虚拟的“中奖”。

俗话说，“吃人家的嘴软”，很多人都明白这个道理，所以并不是所有的宴请人们都会捧场。能够拒绝的，即使是自己一分钱不花，也会想办法拒绝。所以，宴请别人一定要找个好理由，理由找好后，才能让对方欣然赴宴，你的目的才有可能达成。

通常情况下，请客的方式有以下几种：

1. 开门见山式

例如，当你想邀请上级领导吃饭时，可以直接说：“请问是徐经理吗？我们现在在某某酒楼吃饭，过来认识几个朋友吧，我们等你来啊。”这种方式自然亲切。

2. 借花献佛式

例如：“陈工！今天获奖名单公布了，我中奖了！走吧，我们去庆祝庆祝！”然后在酒宴上再提自己求他所办之事，那时候他酒也喝了，哪好意思不帮你？

3. 喧宾夺主式

例如：“哦！你中午没有时间啊？没有关系，这样吧，下午我去订个位置，然后晚上你带上你的家人，我们一起去吃怎样？晚上我给你电话！”这样发出的邀请，别人就很难再有借口推辞了。你也就有了接近对方，求其办事的机会。

另外，请客的理由也五花八门，生日、乔迁、工作调动、开业典礼等都能成为请客的理由。总之，找一个好理由宴请别人是最重要的。

点菜见智慧，每一张嘴都要照顾好

选菜不应以主人的爱好为准，而应考虑主宾的喜好与禁忌。宴请点菜有不少讲究，要想成为点菜高手，不是那么容易的事情，秘书谢小姐却是个点菜行家，她总是能够像专业的点菜师一样点出让人满意的菜。她是怎么做到的呢？

谢小姐是公关部经理的秘书，她的工作性质决定了她得常常负责宴请宴会的筹备工作，领导一般只会交代她去办一桌席，而不会具体交代办的细节，谢小姐每次都能顺利完成这个任务，办出一桌漂漂亮亮的宴席来，她说：“点菜其实并不难，知己知彼方可百战不殆，掌握同席之人的口味是第一步。

“如果是两人共餐，其中有女性，可以点一荤一素两个冷菜，或加上一个卤水菜肴，再点一个高档的蔬菜、一个海鲜、一个荤素小炒即可。如果是那些注重美食、营养的人，各自再加一个小炖盅就可以吃得风光体面了。

“如果是与生意上的客户共进晚餐，在双方不熟悉的情况下，想把菜点得恰到好处，凉热荤素、鸡鸭鱼肉搭配得当是非常关键的问题。一般工作餐会是三五成群，所以点的冷菜不仅要有海鲜、卤水，最好还要有一些别致的小菜。而热菜要有一道高档海鲜，外加两道荤素小炒，一道带肉主菜，一道清口蔬菜，汤煲、点心、水果各一道即可。

“当然，在点菜前一定要先问问桌上同餐者有没有特殊忌讳，比如，素食者、不食牛羊肉者、不吃辣椒者、不吃海鲜者等。做到心中有数，点菜时就可以兼而顾之，不会有人大快朵颐，有人停箸默然。

“另外，从营养的角度来看，要注意膳食平衡，即注意谷、果、肉、菜、豆等各类食物品种齐全、比例适当。根据就餐者的年龄、个人嗜好、身体状况及就餐季节，点菜时应注意以下方面：

“首先是荤素搭配：对海鲜、畜肉、禽肉、豆类及其制品、蔬菜及水果等应全面考虑，但要注意肉类不宜太多。在重视饮食营养的今天，一定数量的素菜是必不可少的，菜肴中应有三分之一以上是绿色蔬菜和豆制品。这样可以通过荤素搭配保证营养平衡，在色泽和口感上也有新鲜感。若是担心素菜显得不够“高档”，可配些草菇、香菇、虾仁等增加‘美食感’。

“其次是软硬搭配：这主要是考虑照顾好老人和小孩，且注意油炸食物不宜太多。

“再次是菜色搭配：即整体的色彩搭配效果清爽诱人。

“最后是口味搭配和冷热搭配：即酸、甜、苦、辣、咸各种口味菜肴的搭配要尽量照顾到大多数就餐者的喜好。如果就餐者中有病人，如患有高脂血症、糖尿病等疾病者，应注意点一些低脂、无糖、高纤维素的菜。并且注意冷菜及冷食不宜过多。”

也许要我们一下子达到谢小姐点菜的境界有点强人所难，毕竟我们既不是专业的点菜师，也没有天天琢磨研究点菜之道，但我们可以学习谢小姐点菜的方法，了解点菜的一些注意事项，在点菜前多了解即将参加宴会者的喜好与忌讳，相信很快我们就可以像专业的点菜师那样点出令众人满意的菜品。

另外，有些人请客吃饭，喜欢贪图小便宜，进门就问：“今天有什么又好又便宜的特价菜啊？”弄得一旁随同前来的客人直皱眉，客人心里想：“难道说，我在他心目中是那种只配吃特价便宜菜的人？还是说，他原本就是一个贪图小便宜、目光短浅、又毫无生活质量的人？看来我得重新考虑跟他合作（交往）的事情了。”

这场宴请才开始，你就让对方心里有了疙瘩，那么，接下来你原本想通过宴请进一步与对方加深关系的目的也就落了空。

勤俭节约，拒绝铺张浪费是宴会一贯主张的原则，但是，这需要讲究技巧，而不适宜大张旗鼓地表现出来，或是让对方察觉出来，否则就是小气吝啬的表现，直接影响对方对你的看法，甚至会打消对方原先打算与你交往的想法，可能因小失大，得不偿失。

蔡锦高大英俊，但一直没有女朋友，在自己姑妈的介绍下，他开始和一位年轻漂亮的姑娘约会。约会那天，天空下着零星小雨，他俩没有打伞，沿着林间小路边走边聊。

他们从学生时代一直聊到现在的工作。后来雨越下越大，两人便走进了路边的一家餐厅。这是一家西餐厅，看那装潢设计就知道价格不会便宜，翻开菜单一看果然如此，蔡锦连忙对姑娘说："这家餐厅太贵了，咱们在这吃不划算，不远的一条街上有很多家常菜馆，经济又实惠，要不咱们去那边吃吧？"

姑娘皱皱眉说："话是不错，可是外面的雨太大了，一出门咱们都得湿透了，还是就在这里吃吧。反正就这一回，也不是天天来，就当奢侈一回了。"姑娘说完还故意眨眨眼，笑了笑。

于是，蔡锦只好心不甘情不愿地开始点菜，他问服务员说："这个牛排怎么那么贵啊？没有便宜的吗？"

服务员说："对不起，先生，我们这是上等的菲力，您吃了一定会觉得物超所值的。"

"那这个浓汤呢？量有多少啊？"

"这……"蔡锦一个一个地问，服务员一个一个地答，而姑娘的脸色愈来愈难看。

最终，蔡锦点了最便宜的面包和浓汤给自己，给姑娘点了一份牛排。

接着，在吃饭的过程中，蔡锦一直在念叨“亏了、不划算”之类的词，听得姑娘火了：“你别念叨了行吗？不就是贵了点吗？咱们AA不就得了吗？你至于一直念叨吗？”

蔡锦见姑娘误会了，赶紧解释说：“我不是这个意思，我只是觉得这样有点浪费。”

姑娘说：“算了，你这个人太小气，别不承认了，你不就是觉得咱俩还没交往，你请我吃大餐太亏吗？算了，这顿咱们AA，以后也别见了，难怪你一直找不到对象呢！”姑娘说完放下钱起身就走了。

蔡锦只是太过勤俭节约，觉得这样浪费没有必要，结果却捡了芝麻，丢了西瓜，实在是一桩“亏本”的“买卖”啊！

请客吃饭不同于平常吃饭，节约是应该提倡的美德，但请别人吃饭，就要考虑对方的感受，对方喜欢什么，想吃什么，只有让对方吃得开心、吃得尽兴，你才有可能达到宴请的目的，否则很有可能落得一个像上述案例中蔡锦的下场——竹篮打水一场空，还可能给对方留下“小气吝啬”的印象。

入得场面上得台面，吃要有吃样

有人说，你怎样品味食物，别人就怎样品味你。也有人说，在你细品食物的同时，别人也在细品你。你在餐桌上的言行举止，会直接影响别人对你的看法，对方能够以你的吃相来判断你是不是一个值得合作的人。真可谓“成也吃相，败也吃相”，既然吃相如此重要，那么，你该怎么避免不雅的吃相呢？

1. 吃到太烫或变质的食物

假如你吃了一口很烫的东西，一定要迅速地喝一大口水。只有当身边没有凉饮料并且你的嘴要被烫伤时，你才可以把它吐出来。但应该将其吐在你的叉子上或者手上，并快速把它放在盘子边上。遇到变质的食物也要这样处理。例如，如果你吃了一口变质的牡蛎或蚌，不要直接吐出它，而要不动声色地将其处理掉。把食物吐到你的餐巾一角是不雅观的，更不可以随便吐到地上。

2. 打哈欠

在餐桌上打哈欠常常给别人这样的感觉：对饭菜或谈话没有兴趣，已感到很不耐烦了。如果在大庭广众下，你控制不住打哈欠，一定要马上用手捂住嘴，接着说："对不起。"千万不可毫无顾忌，张口就来，那样容易让对方心生不快。

3. 在餐桌上咳嗽、擤鼻子

一般情况下应克制在餐桌上咳嗽、擤鼻子的行为，因为这样的动作实在是有失礼貌。如果你无法控制，最好用自己的手巾或手捂住鼻子，如果你使用了餐巾，则要轻声告知服务生，请他们替你更换一下。

4. 在餐桌上剔牙

如果你的牙缝里塞了东西让你感到不适，先喝口水漱口，如果仍无法冲刷出来，也别在餐桌上用牙签剔牙，这时你应到洗手间去处理。如果你确实需要当众剔牙，最好用一只手挡住你的嘴，千万不要咧着嘴冲着他人。

5. 异味入口或异物入口

异味入口时，不必勉强吃下去，但也不要引起在一起吃饭的人的不快。这时，最好的办法就是你用餐巾把嘴盖住，快速地吐到餐巾上，然后尽快地召唤服务员来处理，并要求他给你更换一块干净的餐巾。

如果食物中有异物，比如说石子，你可以用筷子取出，放在盘子的一边。如果看到让你感到惊讶的异物时，比如说虫子，千万不要大声叫喊，这样会显得你缺乏修养。你最好心平气和地要求换掉，也可以向主人或服务员示意，尽量不要站起来说。切勿大惊失色地告知邻座的人，以免影响他人的食欲。

6. 弄洒了汤汁

把汤汁弄洒了，无论对主人还是自己来说，都是一件十分麻烦的事情。如果你不小心弄洒了汤汁，可以用以下几种方法应付：

（1）如果你在桌椅上泼洒了一点酱汁，可用餐巾擦拭，如果餐巾已经很脏，就应小心折好后交给服务员处理。

（2）如果你不小心把咖啡、汤一类的液体洒在你的茶杯托盘里，可以用餐巾纸吸干，以免你拿着杯底很湿的杯子时，又弄脏别处。

（3）如果你的汤汁洒了很多，应叫服务员来清理你弄脏的地方，如果清理不干净，服务员会再铺下一块新餐巾，把脏东西盖住。

（4）如果连你的座位上也弄上了大量的污渍，你可以向服务员或主人再要一块餐巾盖在你弄脏的地方，同时向主人和客人致歉：因为你为他们带来了不便，你也可以对自己闯的祸开个玩笑，让大家很快忘记发生的事，从而缓解自己的尴尬。

总之，在宴会中要尽量避免不雅的吃相，毕竟你的事业可能在餐桌上发展起来，也可能在餐桌上跌落，千万不要因为吃相影响别人对你的看法，从而让你在生意场上失意。

好酒要有好说辞，敬酒要有“硬功夫”

“劝君更进一杯酒”，你需要具备酒桌上敬酒的“硬功夫”。

酒宴之上，越是临近结束，劝酒就越发困难。所以，要想频频举杯与客人畅饮，就得靠标新立异、新颖别致的话题才能出奇制胜，收到凝聚万般情的效果。

在一次商务交往的宴会上，需要借助酒性沟通，可无论怎样敬酒，客人都礼貌地回绝了。事先宴请方得知这个客人嗜酒，如果喝不尽兴，就难以合作。

那么宴请方就可以这样说：“各位来宾，我给大家再敬杯酒，借着刚刚呈上来的这盘‘浇汁鱼’，我向各位表示衷心的祝福之情。如果各位认为我说得对，就请干杯。你们看，吃鱼头，独占鳌头；吃鱼腮，满面灵气；吃鱼眼，珠玉满目；吃鱼唇，唇齿相依；吃鱼骨，中流砥柱；吃鱼鳞，年年有余；吃鱼腹，推心置腹；吃鱼背，倍感亲密；吃鱼籽，财智无数；吃鱼尾，机敏迅疾！让我们共同举杯，为吃鱼给我们带来年年有余，事事如意，干杯！”这样一来，众来宾都会被他的风趣幽默、独树一帜的祝酒词所感染，不但立即举杯畅饮，而且那位最重要的客人也会愿意多喝一杯。

在酒宴上为了敬酒而采取“即物生情”的办法，往往出奇制胜，屡屡成功。人们不仅可以从吃鱼说起，也可以从鸡、鸭以及各种菜肴来引申祝酒，也能收到奇效，如贡菜、发菜，为“恭喜发财”等。当然，采用这种方法祝酒需要掌握好一定的时机和技巧。

在一次接待客商的宴会上，为了劝客人多喝几杯，东道主在请客人品尝北京烤鸭时，举杯说道：“各位来宾，烤鸭不但味道鲜美，而且包含着祝福和吉祥。人们说，吃鸭头，抢占先机，神采飞扬；吃鸭脖，曲颈向上，引吭高歌；吃鸭胸，胸有成竹，金玉满堂；吃鸭腿，健康有力，身强体壮；吃鸭掌，红掌清波，事事顺畅；吃翅膀，展翅高飞，前程无量；吃鸭尾，义无反顾，福寿绵长。让我们为吃烤鸭带来的良好祝福，为各位幸福吉祥，激流勇进，波斩浪，干杯！”一番精彩的祝酒词，让人神清气爽，心潮澎湃，来宾纷纷要求为吃烤鸭的吉祥祝福一起干一杯。

当然，在宴会中以即物生情的办法敬酒只是一种方法，为了使客人在宴会中频频举杯，你必须灵活应变，才能达到宴请的目的。

酒香词美，好酒还需好词劝

劝酒对于营造氛围具有重要作用。同时，劝酒也是一门艺术。我们常能在酒宴上发现这样的劝酒高手，你明明酒量有限，几句“花言巧语”就搞得喝了个酩酊大醉。应该说，既要让对方尽其所能地喝酒，又要活跃气氛，还不伤和气、不损面子，这是一位劝酒者的基本“责任”。所以，在劝酒时一定要把握好尺度，使劝酒恰到好处。一般来说，可以采取以下方法进行劝酒：

1. 真诚地赞美对方

人们对于赞美的抵抗力往往是微弱的，特别是在酒桌上，热闹的气氛会使人的虚荣心膨胀起来，而虚荣心一膨胀人就免不了要做出一些超出常规的豪壮之举。

2. 强调场合的特殊意义

劝酒者在劝酒时不妨多强调一下此场合的重要性、特殊性，指出它对于对方的价值与意义，这样既能激发对方的喜悦感、幸福感、荣誉感，又使他碍于特定的场合而不得不愉快地再饮一杯。

3. 强调酒宴对自己的意义

在劝酒时可以充满感情地强调一下自己与对方的特殊关系，使饮酒变为两人之间独特的情感交流方式。

4. 用反语激将对方

人都有自尊心，为了维护自己的自尊心，有时很容易突破常规做出某种强硬之举。在酒桌上也是一样，如果能恰到好处地使用反语刺激对方的自尊，使其认识到不喝这杯酒将会损害自己的尊严，对方就会“喝”出去了，逞一回英雄。

5. 采用以退为进的方法

对于某些酒量委实有限的人，特别是女士，过分地勉强显然是不太好的，那么就不免在饮酒量上做出让步，自己喝一杯，别人喝半杯，或改喝啤酒，以此来说服对方。

当然，劝酒也要把握好尺度，不应过于勉强对方，须知饮酒也是文化，酒宴应当成为文明、礼貌的交际场所。大家叙叙旧，谈谈生活，切磋技艺，交流思想，这才是酒宴的宗旨。因此，它应该是显现融洽亲切、高雅欢快的场面。

敬酒有规矩，拒酒有妙招

人们在参加宴会的时候常常会遇到这样的情况，主人频频敬酒，一个个轮番上阵，你举杯后他登场，每个祝酒者都满怀激情，理由充分，大有让你不醉不休的架势。在这种境况下，怎样才能保持不醉，全身而退呢？

一日，某公司举办商务酒宴，席间该公司经理频频举杯，巧立名目，敬了六次酒。

在敬第六杯酒时，经理怕来宾拒酒，强调“六是吉祥，六是顺意，六标志着不论经历六六三十六番风雨，都会有七十二般彩霞壮丽，六蕴涵着无数的变化与商机。六杯酒是对我们合作顺畅的洗礼，六是我们双方激情的凝聚，任何数字都不及六的祝福最能表达我们的心意……为我们合作顺心如意，财源如春雨，干杯！”

看到来宾们喝下第六杯酒后，不一会儿，他又第七次举杯：“各位来宾，各位朋友，我喝一杯你一杯，感情浓了酒似水。这第七杯酒表心扉。情意重了千杯不醉，酒入口中心心交会，合作经营前景宏伟……为了我们的合作永远有七色彩虹相伴相随，为财源滚滚像流水，干杯！”

此时的来宾大多已是不胜酒力，再喝下去势必会影响下午的谈判。而且第七杯酒喝下去，必然还会有热情洋溢的第八杯，如果不挡住这杯，后面的更难以抵挡。可面对主人如此“热情”，不喝似乎说不过去。

这时，一位来宾缓缓地站了起来，端起酒杯，从容地说道：“各位，一杯的酒香凝结在喉，两杯的祝福记在心头，三杯的盛情共同拥有，四杯的浓情风雨同舟，五杯的热烈如风摆柳，六杯的祝愿天高地厚。我虽然已经喝得无力承受，但我还记得刚刚喝下的那杯酒，你们说，任何数字都不及第六杯酒最能表达心意，那我们就要把最能表达的第六杯酒凝聚在心头，既然你们的祝福说‘六是顺意，六标志着纵然有三十六番风雨，也一定能有七十二个丰收’，那么，我们就把最好的、最美的、最顺畅的那第六杯酒代表的最具盛情的祝福牢记在心。正像你们开始祝酒时所说，祝酒在情不在酒，那我们就正好以水代酒，让祝福顺畅永远绕心头。干杯！”

听罢这番祝酒，来宾纷纷响应，那位经理虽然还想再拼酒，但觉得第六杯酒祝酒时已经把话说满，不好再自我否定，在对那位来宾的钦佩之余，也共同举杯。敬酒也就到此为止了。

上述事例中，来宾就是采用了“请君入瓮”方法，应对对方经理车轮战式的敬酒，他明白对方经理是想利用拼酒，使他们在下午的谈判中因为醉酒而处于下风，所以巧妙地利用对方第六杯说得过满的话，让其钻入自己所设的话语圈套中，从而避免了醉酒误事。

另外，还有几种行之有效且自然大方的拒酒方式。

1. 满脸堆笑，就是不喝

张力大喜之日，特邀亲朋祝贺，小波也在其中。然而小波平素很少饮酒，且酒量“不堪一击”。酒席上，偏偏有人提议小波与张力单独“表示”一下，小波深知自己酒量的深浅，忙起身，一个劲地扮笑脸，一个劲地说圆场话：“酒不在多，喝好就行。”

“经常见面，不必客气。”

“你看我喝得满面红光，全托你的福，实在是……”

结果使张力无可奈何。在筵席上一些“酒精（久经）考验”的拒酒者，任凭敬酒的人说得天花乱坠，他就是笑眯眯地频频举杯而不饮，而且振振有词。

这种“满面笑容，好话说尽”的拒酒术往往能让对方拿你没办法，最后只好作罢。

2. 以其人之道，还治其人之身

小君的朋友吴勇，人很好，就是有一个毛病，喜欢在酒席上盛情劝酒，而且通常采取那种欲抑先扬的劝酒术，先恭维对方是“高人”或“朋友”，再举杯敬酒，让对方骑虎难下。因为吴勇已经“有言”在先，如果不喝，就不配为“高人”，不配做“朋友”。

这天在酒席上，吴勇又故伎重施，劝小君喝酒，可小君不想喝太多酒，于是说：“今天你要我喝酒简直是要我的命。如果你把我当朋友，就不要害我了！”

言尽于此，吴勇也不好意思再劝了。

小君使用了和他一样的说话技巧，可谓“以其人之道，还治其人之身”。因为小君的言下之意也很明白：你要我喝酒就不够朋友！而劝酒者都有一个心理：喝也好，不喝也罢，口头上都必须承认是朋友、是兄弟。抓住这个弱点予以反击，劝者碍于“朋友”的情面，不得不缄口。

3. 坦白求“从宽”

赵波去参加一个宴会，碰到一位曾经的朋友，因为许久未见，那位朋友好久没与他见面了，坚持要和赵波痛饮三杯。赵波说：“你的厚意我领了，遗憾的是我最近一段时间身体不好，正在吃药，已是好久滴酒不沾，只好请老朋友你多多关照了。好在来日方长，日后我一定与你一醉方休，好吗？”

此言一出，宾客们纷纷赞许，那位朋友只好见好就收了。

事实胜于雄辩，拒酒时，若能突出事实，申明实际情况，表明自己的苦衷，再配上得体的语言，就能取得劝酒者的谅解，使他欲言又止，辍杯罢手。

4. 夸大后果，争取谅解

饮酒当然是喝好而不喝倒，让客人乘兴而来，尽兴而归。那种不顾实际的劝酒风，说到底，也不过是以把人喝倒为目的，这只能说是一种低级趣味的劝酒术，是劝酒中的大忌。

作为被动者，当酒量喝到一半有余时，就应向东道主或劝酒者说明情况。如：“感谢你对我的一片盛情，我原本只有三两酒量，今天因喝得格外称心，多贪了几杯，再喝就‘不对劲’了，还望你能体谅。”

如此开脱以后，就不要再喝了，这种实实在在的说明和隐患的拒酒术，只要劝酒者明白“过犹不及”的道理，善解人意者就会见好就收。

5. 女将出马，以情动人

媛媛陪丈夫去参加聚会，酒席上丈夫的好朋友们大有不醉不归的架势。但丈夫身体不好，媛媛担心生性内向的丈夫会一陪到底，不会适时拒绝。

等丈夫三杯白酒下肚，媛媛站了起来，举起手中的酒，对酒席上丈夫的朋友们说：“各位好朋友，我丈夫身体不好，两周前还去过医院，医生特地嘱咐说不能喝酒，可今天见了大家，他高兴，才喝了那么多。既然都是好朋友，你们一定不忍心让他酒喝尽兴了，人却上医院了。为了不扫大家的兴，我敬各位一杯，我先干为尽！”

说完，一杯酒就下了媛媛的肚子。丈夫的朋友们，听她说的话挺在理，又充满感情，再看她豪爽的架势，也就不再劝她丈夫的酒了。

酒席上，女士拒酒往往能得到人们的理解，如果女士帮丈夫拒酒，不就是帮丈夫解围了吗？当然，这时一定要慎重，不要贸然代替丈夫拒酒，否则会让人觉得你的丈夫不豪爽，反而有损丈夫的面子。

6. 巧设圈套，反守为攻

刘某新婚大喜之日，当酒宴进入高潮时，某“酒仙”似醉非醉、侃侃而谈，请三位上座的来宾一起“吹”一瓶。面对“酒仙”言辞上的咄咄逼人，三位来宾中的一人站起来说：“我想请教你一个问题‘三人行，必有我师’，这是不是孔子的话？”

“是的。”“酒仙”随即说道。

来宾又问：“你是不是要我们三个人一起喝？”

“酒仙”回答：“不错。”

来宾见其已入“圈套”，便说：“既然圣人说‘三人行，必有我师’，你又提出要我们三人一起喝，你现在就是我们最好的老师，请你先示范一瓶，怎么样？”

这突如其来的一击，直逼得“酒仙”束手无策、无言以对，只得解除“酒令”。

这一招叫“巧设圈套，反守为攻”，就是先不动声色，静听其言，等待时机。一旦时机成熟，抓住对方言辞中的“突破口”，以此切入，反守为攻，使对方无言争辩，从而回绝。

当然，这一招最为关键的是“巧设圈套”，这需要设局者跳出当时的处境，以旁观者的心态，去看待事情本身。这时，往往会有“闪亮”的圈套跃入思维。酒场上最忌“直白”“粗鲁”，虚虚实实、实实虚虚才是酒场的轴心。

餐桌上，交谈禁忌需注意

《论语》中有云：“言之不文，行之不远。”将这句话运用到宴会的场合，意思就是：如果在宴会上与客人交谈时，选对了话题，自然能让彼此的关系更近一步，交情更深，合作更盛；如果选错了话题，不重视语言的得体运用，毫无顾忌地滥用辞藻，不仅会传递出错误的信息，让人如临大敌，影响彼此之间的感情，破坏彼此的合作关系，还会落得不欢而散、两败俱伤的惨烈局面。

有个人请客吃饭，看看时间过了，还有一大半的客人没来，心里很焦急，便说："怎么搞的，该来的客人还不来？"

一些敏感的客人听到了，心想："该来的没来，那我们是不该来的呗？"于是悄悄走了。

主人一看又走掉好几位客人，越发着急了，便说："怎么这些不该走的客人，反倒走了呢？"

剩下的客人一听，又想："走了的是不该走的，那我们这些没走的倒是该走的了！"于是又走了一些。

最后只剩下一个跟主人较亲近的朋友，看了这种尴尬的场面，就劝他说："你说话前应该先考虑一下，否则，说错了就不容易收回来了。"

主人大叫冤枉，急忙解释说："我并不是叫他们走哇！"

朋友听后大为光火，说："不是叫他们走，那就是叫我走了。"说完，头也不回地离开了。

这个故事中的主人公正是不懂得顾及客人的心理，又不重视语言的得体运用，才把客人得罪光了，到最后连和他关系较亲近的朋友也得罪了。宴请时，许多人选错了话题，就会像故事中的主人公一样被客人厌弃，以后的生意自然也就难做了。

有些人不讲究说话方式，无意中得罪了别人，自己却浑然不知。其实，这与日常的说话习惯是息息相关的，如果想在交谈中尽显风度，取悦于人，那就需要特别注意讲话的方法。比如，美国人吃螃蟹习惯吃钳子，其余部分都不要；而中国人习惯吃黄吃膏，此时你就不能说“你真傻，吃螃蟹应该吃黄吃膏”。因为各个地区的风情有别，饮食习惯各异，尊重他人，才能获得他人的尊重。总体来说，在餐桌上，有下列几项交谈的禁忌需要尤其注意：

1. 忌打断对方

双方交谈时，上级可以打断下级，长辈可以打断晚辈，平等身份的人是没有权力打断对方谈话的。万一你与对方同时开口说话，你应该说“您请”，让对方先说。

2. 忌补充对方

有些人好为人师，总想显得比对方知道得多，技高一筹。这是因为他们没有摆正自己的位置。不同的人站在不同的角度，对同一问题的看法可能会产生很大的差异，所以，我们必须认识到这一点。譬如你说北京降温了，对方马上告诉你哈尔滨还下大雪了。

当然，如果谈话双方身份平等，彼此熟悉，有时候适当补充对方的谈话也并无大碍。

3. 忌纠正对方

“十里不同风，百里不同俗。”不同国家、不同地区、不同文化背景的人考虑同一问题，得出的结论未必一致。真正有修养的人，是懂得尊重别人的人。尊重别人就是要尊重对方的选择。除了大是大非的问题必须旗帜鲜明地回答外，人际交往中的一般性问题不要随便与对方争论是或不是，因为对或错是相对的，有些问题很难说清谁对谁错。

4. 忌开过度玩笑

俗话说："人上一百，形形色色。"商务宴会时和客人交流，你适当开开玩笑，可以活跃气氛、融洽关系、增进友谊。但如果开玩笑时不注意因人、因时、因环境、因内容而异，就可能因开玩笑过度而招人厌恶。

5. 忌说不适宜话题

在商务宴请的餐桌上，不能非议国家和政府，不能涉及国家和行业秘密，不能涉及对方内部的事情，不能在背后说领导、同事、同行的是非（论人是非者，必是是非人），不能谈论格调不高的问题，现代人应当有现代人的修养，不涉及私人问题。

6. 忌探听他人隐私

商务宴请是出于商务利益的需求，彼此之间的交流涉及的是商务方面，不宜探听他人的隐私，应做到不问收入、不问年龄、不问婚姻家庭、不问健康问题。在某些国家，询问他人隐私的某些行为甚至可能触犯法律。

此外，在宴请的交谈中，不想客户因你的话而如临大敌，就要规避说"粗话、脏话、黑话、气话"等"四话"，在言谈时做到有分寸、有礼貌、有修养、有学识，方能赢得客户的好感，为生意赢得更多的机遇。

第八章

职场应酬得当，领导青睐，同事喜欢

一般来说，一个人在职场前景发展的好坏，一半看能力与努力，一半看是否懂得应酬。如果一个人在职场上应酬得当，无可挑剔，那么不仅会得到领导的青睐，也会得到同事们的喜欢。这样的人，在职场中肯定是大有发展的。

但是，也有人说，职场如战场，充满着竞争，充满着明争暗斗。要想在这样的环境中生存并发展下去，更需要懂得应酬之道，这样才能在公司立足，与领导、与同事相安无事地继续自己的工作。

老板永远是老板，不是朋友

永远要记住一条准则，老板永远是对的，因为老板会给你施展才能的平台，给你薪水，给你展现才华的机会。老板永远都是老板，他时刻影响着你。

老板与员工的关系在某种层面上永远是不平等的，就像黑暗中的两条平行的铁轨，永远不会相交在一点。老板永远是对的，这是职场之中的不二法则。

士兵当着上级的面信誓旦旦地说自己以后要当将军，常常会得到褒奖，因为“不想当将军的士兵不是好士兵”。但是当着老板的面，你想当老板的想法不可轻易暴露出来，因为这就意味着你的发展已经设限，没有一个老板会因为你的才能超过他而把自己的宝座拱手相让。

这就是职场的现实，你应该保持一种敢于面对现实的态度。老板永远都不可能是你最真诚的朋友，要丢掉幻想，少点天真。有时候可以说，老板和你就像猫和老鼠的关系，你不要以为花言巧语就能欺骗老板，在你犯错的时候，老板照样会按规矩办事。

一只涉世不深的小老鼠，以为只要讨饶，只要用花言巧语就能感化那只死追它不放的老猫，放它一条生路。于是，它对老猫说：“请饶我一命吧，一颗麦粒足够我吃饱，一个核桃能把我的肚子撑得圆鼓鼓的。再说眼下我很瘦，等过一段时间我长得肥一点，再给您当早点吧。”

老猫对这只小老鼠说：“你弄错了吧，这些话是说给我听的吗？你这不等于是说给聋子听吗？你想让一只猫而且是一只老猫饶你一条性命，这是不可能的！照规矩办事，你下地狱，去找死吧！”老猫边说边把小老鼠咬死了。

这个寓言故事告诉我们，不要把你的老板当作上帝，也不要把你的老板想得太简单。老板就是老板，无论你的老板在你的心目中是怎样的人，你都得注意级别，不说老板坏话，维护他的权威，给他以尊敬。不要擅自为老板做主，坚决按照老板的吩咐去做，哪怕他的指令漏洞百出，哪怕他是一个一无是处的人，只因为他是老板，只因为他比你有分量。

一个人去买鹦鹉，看到一只鹦鹉前标着：此鹦鹉会两门语言，售价两百元。另一只鹦鹉前则标着：此鹦鹉会四门语言，售价四百元。该买哪只呢？这人转啊转，拿不定主意。结果突然发现一只老得掉了牙的鹦鹉，毛色暗淡散乱，标价八百元。这人赶紧将老板叫来：这只鹦鹉是不是会说八门语言？店主说：不。这人奇怪了：那为什么又老又丑，又没有能力，会值这个价呢？店主回答：因为另外两只鹦鹉叫这只鹦鹉老板。

对，只因为他是老板，可以能力并不十分出众，但是他的身价比你高出千万倍。

老板都喜欢得到他人的尊敬，树立自己的威信。因而，作为员工的你一定要注意和老板上下有别，不要和老板称兄道弟，更不要拍着老板的肩膀说话。在公共场合与老板说话更要注意，有不同意见时也不要在公共场合与老板争辩，特别是许多员工在的时候。你可以选择与老板私下里交换意见，实在谈不妥，你也可以选择离开。

你要学习中国古代的那些纵横家，在表现的时候讲究策略，千万不可意气用事。

现代人的智商都是不相上下的，作为老板，他能走到今天，自然有他的过人之处。也许私下里，老板让你放松，不要紧张，不要太客套，这时候你就得更加注意了，往往错误就在此时发生。你平时注意到了老板的权威，突然之间这种敬畏没了，你就会得意忘形，没了上下之分，忘了地位之别，这时候你的错误往往容易酿成。

记住：老板永远都是老板，不是你的朋友，不要在背后议论老板的是非，因为世界上没有不透风的墙；不要在老板面前说三道四，诋毁别人，这样最终诋毁的是你自己；注意你和老板之间的距离，你们的关系并没有你想象中那么好。同时，不要忤逆老板的意思，不要轻易替老板做决定，一切都要听老板的指挥，一切都要由老板做主，因为老板永远是老板。

与上司保持距离，别太远也别太近

在职场中，我们在与上司的工作关系中，除了要摆正自己的位置，更重要的是把握好自己的职责权限。分内的事情努力做好，分外的事不要轻易插手，尤其不可做出越级越权的事情。

小刘和小王是同一部门的普通工作人员，他们有一个共同的特点，就是精明果断，办事能力颇强。但该部门的主管却拖拖拉拉，优柔寡断。对此，心高气傲的小刘早就颇有微词。

公司向该部门下达了新的业务指标，主管反复考虑，瞻前顾后，一直无法提出具体的计划和方案。心怀不满的小刘直接向总经理打报告，提出了自己的一套方案。而为人低调的小王选择和主管共同商量，拿出相应的对策和方案。

在小王的启发下，主管凭借自己丰富的实战经验，很快提交了一套同样出色的方案。最终，公司采纳了主管的方案。不久，主管获得提升，小王在他的推荐下，接替了他的位子。怨气冲天的小刘很快便离开了公司。

在很多情况下，主管的能力不一定比下属强，但这不能改变主管与下属之间从属的关系。把自己的聪明才智无私地奉献给主管，有人认为这样太冤了，心理上难以平衡。事实上，只有主管得到提升，你才能有出头之日，你在紧急关头及时“救驾”，你的主管会从此视你为得力干将，对你另眼相看。一有机会，你得到提升便是水到渠成的事情。

越级越权，企图盖过上司的风头，在上司的上司那里表现自己，这种行为会严重损害到部门主管的感情，给自己以后的晋升带来难以逾越的障碍。因此，除非万不得已，千万不要越级。公司像一部复杂而精密的机器，每一个部件都在固定的位置发挥着不同的作用，以保障整部机器的正常运转。然而，有一部分人为了突出自己，老是喜欢搞越级活动，这些人大部分都对自己的顶头上司有某种不信任或者不服气。

这样做的后果是扰乱了公司的正常工作程序，造成人为的关系紧张，不仅影响了工作效率，也会影响到自己的晋升之路。

“到位而不越位”的几个守则：

1. 明确工作权限

进入某一岗位，需要弄清楚自己日常扮演的角色、应当履行的职责、应当遵守的行为规范。

2. 分清“分内”和“分外”

在其位谋其政，不属于自己职责范围内的事就要小心谨慎，尽量做到少插手、不插手。

当然，不排除有些上司会下放自己的某些权限，把本属于自己职责范围内的一些工作交给值得信赖的下属去做。此时，作为下属，一定要全力以赴，发挥自己的极限水平去做好。应当注意的是，必须由上司自己亲自委派你干这项工作，一般情况下不要主动要求，以免上司认为你插手太多，有越位之嫌。

3. 不可轻越“雷池”

遇到自己不熟悉的工作时要多请示，否则，往往会不自觉地造成越权行为，好心办错事。“雷池”不可轻越，万事以谨慎为先。

得到领导赏识，切忌恃宠而骄

有人说：“职员能否得到提升，很大程度不在于是否努力，而在于上司对你的赏识程度。”但是，一旦发现上司对你十分赏识，你也千万不要以此为荣，不要以为自己万事大吉，更不要因此骄傲蛮横、目中无人。而是要学会把握好分寸，分寸把握不好，上司对你的赏识也会慢慢变味。把握好分寸，领导才会更欣赏你。

杨娟最近在做一些关于小动物的书，将这些小动物的生态情况等做一些介绍，读者是小朋友，要把原来那些科普味很浓的文字都要修改成儿童感兴趣的文字。

上司对杨娟的工作非常满意，他经常当着同事的面夸奖杨娟，说杨娟的感觉很好，很符合孩子们的心理特征。杨娟第一次听上司如此说的时候，心里很高兴，也很自豪，自己的付出得到上司的肯定，自然很欣慰。

但是，后来上司说得多了，杨娟就觉得不太妥当，觉得上司如此表扬自己事实上是否定了其他员工的工作，如此一来很容易被其他同事妒忌。一旦将来工作没有做好，上司会觉得自己没有用心去做。

于是，杨娟决定找准时机来防止上司过多的赞扬！

再次开会时，上司又表扬了杨娟。上司话音刚落，杨娟即站起来恰到好处地说："经理，您对我满意我很知足！但是，我希望您也能明白，我的成绩是在同事们的帮助下取得的，他们也有不可磨灭的功劳呀！同时，我也在努力向您学习！如果将来我在工作上出现什么差错，也希望您和同事能耐心地支持我！"

面对上司的赏识一定要沉得住气，因为那些赏识说出来可能会对你不利，而你要留意周围的状况，作出最理智的回应。

假如男上司对女下属特别好，那便要小心他们有非分之想，最好听一下他们的历史，看看能否从历史中得到教训。

如果上司对你特别好，但你的工作表现又不是同事间最突出的，那你便要好好反省一下，看看上司偏爱你的原因是否有下列几点：

第一，上司是异性，而你自问魅力过人，故获得优待。

第二，你忠厚过人，从不说谎，上司可从你口中得知其他下属的表现。

第三，你重义气，为报上司知遇之恩，愿为他做工作以外的事。

第四，嘴甜舌滑，深懂奉承技巧，上司又是爱戴高帽的人。

第五，对上司完全没有威胁，上司对你十分放心，故宠幸有加。

不过，假如你是上述五大原因之一，请勿沾沾自喜，你的情况不会令人羡慕。

在第一项中，外貌、气质虽然可吸引上司于一时，但难保有更突出的新人随时出现，那时地位便难保了。

如是第二项，那上司不是看重你，只是利用你做探子。一旦下属出现不满，他就会牺牲你的利益。

第三项，你不是公司的资产，只是上司的侍人，表面得宠，会被人视作狐假虎威的可怜虫。

第四项，是大部分人得宠的原因，但与第一项一样，随时有被取代的危险。

第五项，前途只有片刻光明，一旦换了上司，庸碌的人必被淘汰。

古语有云："伴君如伴虎"。不论你是哪一种，切忌恃宠而骄。

维护上司的尊严，就是维护自己的前程

"为尊者讳"，这是古代官场的一条规矩。在古代，一个人，无论他原来的出身多么低贱，有过多么不光彩的经历，一旦当上了大官，爬上了高位，他的身上便罩上了金光，变得神圣起来。往昔那些见不得人的一切，要么一笔勾销，永不许再提；要么重新改造，重新解释，赋予新的信心。

朱元璋原本是泥腿子出身，早年当过和尚，后来又参加过推翻元朝统治的红巾军起义。这些经历在朱元璋看来都是卑微的。朱元璋因当过和尚，对"光""秃"一类的字眼十分忌讳；因红巾军被统治者说成是"贼""寇"之类的组织，朱元璋便对这些字眼也极为反感。

最具有代表性的例子是，杭州徐一在《贺表》里写了“光天之下，天生圣人，为世作则”几个字，朱元璋读后勃然大怒说：“生者僧也，骂我当过和尚。光是削发，说我是秃子。则者近贼，骂我做过贼。”于是，立即下令把徐一处死。

在日常生活中，要谨慎处理与上司的关系，最重要的一点是千万不要伤害上司的尊严，同时注意替上司保守秘密。一次偶然的机会，你发现了一个秘密：已婚的上司竟与某女同事大闹婚外情。其实，事情并不复杂，你只需装聋作哑，也就是说装作不知，守口如瓶。

例如，你本来约了朋友在某餐厅吃晚餐，当你踏入餐厅，却赫然见到他俩，你可扮作一派镇静，先环视一下四周，若你的朋友未到，事情就好办得多，就当作找不到人，离开那里，在门外等你的朋友。即使朋友已坐在餐桌前，你也可走上前，当作有急事找他，与他一起离开那个地方，再作详细解释。

如果是你与友人先到，正在用餐，他俩才走进来，那就不妨在四目交投的情况下淡然地打个招呼，但不要与友人闲聊太久，最好比他俩先走，离开时记着不必打招呼了。

翌日返回办公室，要当作若无其事，只管埋首文件堆，即使有同事私谈有关两人之事，还是绝口不提为妙。对此等暧昧之事避之则吉，否则你就会陷入困境了。

有时候知道的事情太多并不是件好事，尤其是上司的隐私千万不能透露出去，否则就要大祸临头了。如果能够及时替上司掩饰其“痛处”或“缺处”，则有可能被对方引为知己，得到意想不到的结果。

软硬兼施，收拢散漫的人心

在职场中，作为领导难免会有拉拢他人的需要，这时，软硬兼施的智谋就派上大用场了。就拿中国历史上的统治者来说，很多人非常擅长软硬兼施——制裁别人的同时又不忘笼络人心。

朱元璋史称“雄猜之主”，既野心勃勃又疑心重重。他当上皇帝后，打天下时那种虚心纳贤、任人唯贤的作风全抛在脑后，朝思暮想的是维护他的绝对尊严和家天下的地位。为此，他使用各种卑劣手段，排除异己，残杀功臣。

李善长在随朱元璋征战中，以多谋善断著称。开国之初，他组织制定法规制度、宗庙礼仪，与朱元璋的关系有如鱼水一般，朱元璋将李善长比喻为“汉初萧何”，称他为“功臣之首”，命他担任开国后的首任丞相。

朱元璋一旦功成名就，坐稳了江山，对李善长的态度就大变了。过去李善长被朱元璋称赞为“处事果断”，现在则说他“独断专行”。过去朱元璋特许李善长对疑难大事可先处理后启奏，称赞他为“为朕分忧”，现在则说他“目无皇上”。朱元璋对李善长功高权大产生了疑忌之心，但考虑到李善长功高望重，轻举妄动恐生不测之变，就采用又打又拉、伺机清除的伎俩。

深知朱元璋为人的李善长察觉到皇上对他的猜忌，一连几天，李善长因患病没有上朝，借机给朱元璋上了一个奏章，一来对不能上朝议政表示歉意；二来提出致仕（退休），察看朱元璋对自己的态度。按惯例，朱元璋应下旨慰问、挽留。但是，他顺水推舟，随即批准了李善长的退休请求，毫不费力地消除了李善长的威胁。

削夺了李善长的相权，免除了李善长对他的威胁后，有不少人心中暗骂朱元璋寡情毒辣。为了笼络人心，安抚李善长，朱元璋把自己的女儿临安公主下嫁给李善长的儿子为妻，朱李两家又成了国戚。

历史上很多管理者都是采取软硬兼施的手段来管理下属的。“前车之鉴，后事之师”，这一手段在今天同样有效。“软”与“硬”，作为一种处世谋略，或者作为一种交际手段，无论何种场合，都不可偏废。作为上司，一定要懂得一些收拢人心的技巧，特别是当人心散漫时，要将人心凝聚起来，这样下属才能全心全意为你效力。而平易近人，是收拢人心最行之有效的方法，通常有以下几个方面：

1. 充当下属的保护神

作为下属，当发生意外情况时，最希望得到的就是上级的支持和庇护。上级的安慰，会使下属感到无比得满足，使他愿意向上级敞开心扉，表露心迹。这种下属对上级的无限信任，是上级领导做好工作所必需的。

有的领导在工作不顺利时，难免会发牢骚，并将责任推给下属，这样的领导自然无法获得下属的尊敬。一位愿意承担责任的领导，必然能赢得下属的衷心拥护和爱戴。

2. 制造困境，奉送真情

如果你能在你的下属中拥有良好的人缘和口碑，即使是你的老板，也很难撼动你的地位。收买人心，自然就要以心换心，心心相印。如果用真情换取别人的真心，对别人有所帮助，特别是在别人处于危难之时出手相助，这样就能赢得一个“死党”。从此，他会更加信任你。

3. 小事之中见真情

假如你是一个大公司的领导者，你会过问每一个下属的饥寒冷暖吗？事实上，这是不可能的，因为你根本没有那么多的精力。但是，这并不是说关心下属的冷暖是不重要的事情，相反，应该适时、适当地做一些细致入微的事情，使下属能够充分感受到你对他们的关心，这不会占用你太多的时间，所取得的效果却往往出人意料。

在处理一些小事的时候，如果你处理得不合理、不恰当，下属也会轻视你，因此千万不要忽略对一些小问题的处理。

4.“派系斗争”中的平衡术

当下属之间钩心斗角、互相攻讦时，领导者往往处于一种左右为难的境地。在派系斗争的枪林弹雨中，领导者极易因为关系处理不当而受到伤害，甚至失去人心，但这种情况也为领导者提供了许多机会。

有人用两头削尖的铅笔形容高明的领导的两副面孔：这个下属来了我们支持，那个下属来了我们也支持，而我们真正的目的是获取我们需要的东西。在这种情况下，上司用权的关键是分而治之、不偏不倚。

假设你的两位下属为是否把一批质量低劣但价格暴涨的产品封藏入库，展开了争论。你对一位下属说：“你完全正确，我们应当实际一些。”开会的时候你要说：“我认为你们双方都有道理。”这样做很有用，因为双方都不知道对方在寻求你的帮助，自以为获得你的支持而欣喜。当你把他们都逼入角落后，下一步就可以提出你自己的第三种解决方案了。

人们总是信任那些接近自己和欣赏自己的人。因此，作为上司，平易近人是获得权力、取得人心的最佳手段。

宽容下属的过失，制造向心效应

宽容，应该是每一个领导应具备的美德。没有一个下属愿意为对下属斤斤计较、小肚鸡肠，犯一点小错就抓住不放，甚至打击报复的领导卖力办事。

作为领导，要尽可能原谅下属的过失，这是一种重要的笼络手段。对那些无关大局之事，不可同下属锱铢必较，当忍则忍，当让则让。要知道，对下属宽容大度，是制造向心效应的一种手段。

汉文帝时，袁盎的一个侍从与他的侍妾私通。

袁盎知道后，并没有将此事泄露出去。有人却以此吓唬侍从，那个侍从就畏罪逃跑了。袁盎知道这个消息后亲自带人将他追回来，将侍妾赐给了他，对他仍像过去那样倚重。

汉景帝时，袁盎入朝担任太常，奉命出使吴国。吴王当时正在谋划反叛朝廷，想将袁盎杀掉。他派五百人包围了袁盎的住所，袁盎对此事却毫无察觉。

恰好袁盎的那个侍从在围守袁盎的军队中担任校尉司马，就买来两百石好酒，请五百个兵卒开怀畅饮。兵卒们一个个喝得酩酊大醉，瘫倒在地。当晚，侍从悄悄溜进了袁盎的卧室，将他唤醒，对他说："你赶快逃走吧，天一亮吴王就会将你斩首。"

袁盎问起："你为什么要救我呢？"

校尉司马对他说："我就是以前那个偷了你侍妾的侍从呀！"袁盎大惊，赶快逃离吴国，脱了险。

从上面的故事里，我们不仅看到了袁盎的宽宏大度，远见卓识，也可以洞悉他驾驭部下的高超艺术。无独有偶，曹操巧败袁绍的故事也恰恰能说明这一点。

公元199年，曹操与实力最为强大的北方军阀袁绍相拒于官渡，袁绍拥众十万，兵精粮足，而曹操兵力只及袁绍的十分之一，又缺粮，明显处于劣势。

当时很多人都以为曹操这一次必败无疑了。曹操的部将以及留守在后方根据地许都的好多大臣都纷纷暗中给袁绍写信，准备一旦曹操失败便归顺袁绍。

相拒半年多以后，曹操采纳了谋士许攸的奇计，袭击了袁绍的粮仓，一举扭转了战局，打败了袁绍。曹操在清理从袁绍军营中收缴来的文书材料时，发现了自己部下的那些信件。他连看也不看，命令立即全部烧掉，并说："战事初起之时，袁绍兵精粮足，我自己都担心能不能自保，何况其他人！"

这样一来，那些动过二心的人全部都放了心，对稳定大局起了很好的作用。

曹操的这一手段的确十分高明，它将已经开始离心的势力收拢回来。不过，没有一点气度的人是不会这么干的。

可见，精明的上司，一定要懂得原谅下属的过失，让下属知道你的胸怀和大度，他会情愿为你做任何事。

杀鸡儆猴，让自己处于主动地位

杀鸡儆猴，是中国古代统治者用来镇压民众或威慑人心的惯常手段。人们一旦提起，总感觉其带有阴暗的色彩。但“杀鸡儆猴”这一规则也给我们带来不小的启迪，那就是如果想震慑“猴”，就在其面前杀“鸡”。这样不仅能起到震慑人心的作用，更能让自己处于主动地位。

齐国人孙武是我国古代伟大的军事家，被誉为“‘兵学的鼻祖”。他因内乱逃到吴国，把自己所著的兵法敬献给吴王阖闾。阖闾说：“您写的兵法十三篇，我都细细读过了，您能当场演习一下阵法吗？”

孙武回答说：“可以。”

吴王又问：“可以用妇女进行试练吗？”

孙武又答道：“可以。”

于是，吴王派出宫中美女一百八十人，让孙武演练阵法。

孙武把她们分成两队，让吴王最宠爱的两个妃子担任队长，每位宫女手拿一把戟。

孙武问她们：“你们知道自己的心、左右手和背的部位吗？”

她们都回答说：“知道。”

孙武说：“演习阵法时，我击鼓发令：让你们向前，你们就看着心所对的方向；让你们向左，就看着左手所对的方向；让你们向右，就看着右手所对的方向；让你们向后，就转向后背的方向。”

她们都齐声说：“是。”

孙武将规定宣布完后，便陈设斧钺，又反复强调军法。一切准备妥当后，孙武击鼓发令向右，宫女们却嬉笑不止，不遵奉命令。

孙武说：“规定不明确，口令不熟悉，这是主将的责任。”于是他重新申明号令，并击鼓发令向左，宫女们仍然嬉笑不止。

孙武说：“规定不明确，口令不熟悉，这是主将的责任；现在既然已经明确，你们仍然不服从命令，那就是队长和士兵的过错了。”说罢，孙武命令斩杀两名队长。

当时吴王正站在观操台上，见孙武要斩杀他的两个爱妃，大吃一惊，急忙派人向孙武传令：“我已经知道将军善于用兵了。没有这两个爱妃，我连吃饭也没有味道，请您不要杀掉她们。”

孙武回答说：“臣既然已经受命为将帅，就应该尽职尽责做好分内的事。将帅在处理军中的事务时，君主的命令如果不利于治军，可以不接受。”说完，孙武仍下命令斩杀两名队长示众，并重新任命两名宫女担任队长。

孙武再次击鼓发令，宫女们按照鼓声向左向右，向前向后，跪下起立整齐划一，一举一动完全符合孙武的要求，没有一个人敢发出嬉笑声。

孙武正是运用了“杀鸡儆猴”的策略，才使众宫女乖乖听从指挥，从而树立了自己的威信。

作为部队的指挥官也是如此，必须做到令行禁止、法令严明，否则，指挥不灵，令出不行，士兵如一盘散沙，怎能打仗？所以，历代名将都特别注意严明军纪，管理部队刚柔相济，关心和爱护士兵，但决不能有令不从，有禁不止。

将这一点推广到我们今天的职场生活中，同样非常适用。想要管理好某些人，有时采用“杀鸡儆猴”的方法，在其面前抓住其他个别典型从严处理，就可以达到树立自己威信、震慑对方心灵的效果。

巧妙协调不同性格的同事

一个公司就是一个社会的缩影，在一个公司里各种性格的人都有可能遇上，有些还是工作中无可避免的麻烦人物。面对不同性格类型的人，如何调动他们，以使大家相处融洽，促进工作顺利进展呢？

1. 推卸责任的人

对那些习惯推卸工作责任的同事，在请他们协助工作时，目标必须明确，时间、内容等要求要讲清楚，甚至白纸黑字写下来，以此为证据。不为他们所提出的借口而动摇，请温和地坚持原来的决议，表达你知道工作有困难，但还是需要在一定范围内完成的期望。

如果他们试图把过错推给别人，不要被他们搪塞过去，你只需坚定说明那是另一回事，现在要解决的是如何达成原定的目标。如果他们真的遇到问题，除非真有必要，你不用主动帮他们解决，防止养成他们继续对你使用这招以摆脱工作的习惯。

2. 过于敏感的人

一些同事生性敏感，应尽量避免在其他人面前对他们做出可能冒犯的评语，要批评请私底下讲。即使像“有点”“可能”“不太”这类有所保留的语气，都会让他们心乱如麻，因此在批评时尽量客观公正，慎选你的用词，指出事实就好。尤其要让他们了解你只是针对事情本身提出意见，而不是对他们进行人身攻击。

针对他们过度的反应，你不要跟着乱了手脚急于辩解，那可能会愈描愈黑，重申事情本身就好。提出意见时的同时指出他们的优点，以及表现出色的地方，以建立他们的自信心。

3. 喜欢抱怨的人

他们之所以抱怨，是因为他们在意事情的发展。如果抱怨的内容和你负责的业务有关，最好能有立即的响应或改善；如果他们抱怨的是无关紧要的琐事，听听就算了，也不需要动气反驳。遇到问题时，问问他们觉得最好的解决方法是什么，如何才能避免问题再度发生，将他们的力气引导到解决问题上。

4. 悲观的人

脸上总带有悲观情绪的同事害怕失败，不愿意冒险，所以会以负面的意见阻止工作上、环境上的改变。你不妨问问他们认为改变后最坏的结果是什么，事先准备好应对的方法。

与悲观的同事合作时，告诉他们如果失败的话是整个团队的责任，不会只责怪他们，解除他们的心理压力，他们就不会在一旁唠叨。

5. 喜怒无常的人

有些同事属于黏质型的，会喜怒无常。当他们表现出喜怒无常的状态时，不要回应他们无理的行为，找个借口离开现场，等他们冷静一点再回来。面对他们的情绪失控，也不要被影响情绪，应以冷静、客观的态度响应，陈述事实即可，无须辩解。一旦他们恢复理智，要乐于倾听他们的谈话。万一他们中途又开始“抓狂”，就立即停止对话。

6. 沉默的人

办公室里总有一些不善说话、只会默默工作的同事。在与他们说话时不能语带威胁，应该放低姿态，调整好情绪。

花时间与他们一起将每个工作步骤写成白纸黑字，了解彼此对工作的认知。尽量让他们做自己分内的工作就好。

尽量多问一些开放性的问题，鼓励他们说话，如果他们一时无话可说就耐心等待，给他们时间思考，不用对彼此之间的沉默觉得不自在。称赞他们的成就，以符合他们需求的方式鼓励他们。

7. 固执的人

对待这样的同事，仅靠你三寸不烂之舌是难以说服他的，你不妨单刀直入，把他工作和生活中的某些错误做法一一列举出来，再结合眼下需要解决的问题提醒他将会产生什么样的严重后果。这样一来，即使他当面抗拒你，其内心也开始动摇，并怀疑自己决定的正确性。这时，你趁机摆出自己的观点，动之以情，晓之以理，那么，他接受的可能性就很大了。

8. 轻狂高傲型

对轻狂高傲的同事，你无须与之计较，他喜欢吹嘘自己，就由他去吧。即使他贬低了你，你也不要去与他们较量，更不要低三下四，你只需长话短说，把需要交代的事情简明交代清楚即可。

所以，在公司里，面对不同类型的同事，要把握他们各自的性格特点，积极调动，营造一个和谐融洽的工作氛围。

将不合适的人请下车

众所周知，害群之马对一个组织的危害性极大，破坏组织内部的和谐、阻止企业的发展。然而，在现实中，组织往往又不可避免地会出现一些害群之马。

正如舞台上总会有一两个奸角，员工里面也并不全是忠诚之辈、老实之人，肯定会有一两个类似于奸角的人。精明的领导当然很容易辨认出来，但偏偏不少领导都患了近视，或者本身不正，有徇情谋私之意。要知道，对于组织中“恶性痴呆肿瘤式”的害群之马，必须及时切除，否则“肿瘤”一旦扩散，整个组织都会受到严重影响，甚至垮掉。

或许你认为，开除或解雇员工是一件令人不快的事，因为这或多或少地反映了公司存在着某些缺陷或不足之处。

但是，如果解雇的是一个存在一天对公司就危害无穷的“捣乱分子”，就应该当机立断，否则他的阴谋得逞，公司将后患无穷。只有这样，你才能彻底排除纵容下属、姑息养奸的可能。

大隗是一个很有治国才能的人，黄帝听说后就带领方明、昌寓、张若等六人前去拜访。不料，七个人在途中迷了路，见旁边有一位牧马童子，就问他知不知道具茨山在哪里，牧童说："知道。"又问他知不知道有一个叫大隗的人，牧童又说："知道。"还把大隗的情况都告诉了他们。

黄帝见这牧童年纪虽小却出语不凡，又问："你懂得治理天下的道理吗？"

牧童说："治理天下跟我牧马的道理一样，唯去其害马者而已！"

黄帝出访归来，晚上梦见一人手执千钧之弩，驱赶上万只羊放牧。黄帝突然醒悟到那个牧童应该是一位难得的人才，于是回去找牧童，培养后授其官位，使之辅佐治国。

司马迁说："黄帝举风后、力牧、常先、大鸿以治民。"其中的力牧，就是那位懂得去除害群之马的牧童。

可见，古往今来，任何一位称职的、杰出的领导，都懂得如何对付手下的害群之马。

第九章

玩转商务应酬，天下没有难办的事

商务往来，应酬更是不可或缺。但人们说到商务应酬的时候，总让人觉得没有什么感情，是纯粹的、相互的利益关系，并不是真心实意的交往。日常的工作已经使人疲惫不堪，再把时间和精力用在商务应酬上，只会感到无奈和痛苦。

不过，那些精明之人却不这么想，他们把商务应酬当成一个拓展业务、达成合作的关键因素，所以他们取得了超乎常人的成就。因此，我们更需要不断锻炼提升自己商务应酬的能力，做好应酬中的每一个细节，看透应酬中的规则，才能办好商务事宜。

无事也要常登“三宝殿”

人们常说“无事不登三宝殿”，意思就是登门拜访必然有事相求。然而，现在商务场上的那些应酬达人，早已抛弃了这个陈旧的观念，常常无事也登“三宝殿”，他们懂得用电话、短信、邮件或上门拜访等方式，牢牢拽住商场上的那个“贵人”，费心费力地经营着众多的黄金人脉，等待着这些黄金闪光的时刻，等待他们的光芒闪耀着他们。如果非到有事才求人，就难免惹人反感。

王妍是某公司的一名普通职员，她与市场部刘经理关系处得非常好，而据小道消息说市场部刘经理很可能年内就会调任总经理助理一职，这样看王妍将来的日子会比较好过了。

然而世事难料，年底人员调整时，刘经理却被调去当后勤部经理了。这样一来，许多原本巴结刘经理的人立刻散得一干二净，让刘经理见识到了什么叫“人一走茶就凉”。

就在这时，王妍来找刘经理，说道：“刘经理，这没什么大不了的，哪天咱们一起去逛街散散心吧！”

这正是刘经理最难过的时候，王妍的出现让刘经理感动得真不知道说什么好。从那以后，王妍有事没事就过去找刘经理聊天、逛街。

一年半后，公司的人力资源部总监辞职了，刘经理被提拔为主管人事的总监，不用说王妍自然也跟着时来运转，她成了新一任的市场部经理。

王妍是个聪明人，她知道“三十年河东，三十年河西”这个道理，始终没有放弃她的贵人，为自己赢得了大好的前途。

所有的贵人在成为贵人之前都是一座“冷庙”，平日常去冷庙烧香，在危急之时才能顺利抱住“佛脚”，获得贵人的提携和帮助。生活中是如此，利益攸关的商务应酬场上更是如此。

先做朋友，后做生意，这才是绝妙的商务应酬法则。只要有时间，就要去拜访一下那些商场上的朋友，一起坐坐，聊聊天，互通信息的有无，说不定在这看似细微的言谈之间，你就会抓住绝佳的发展契机。然而，前去拜访客户时要格外注意拜访的一些礼节，以免因小失大，引起客户的反感。

1. 遵时守约

要想做一个受欢迎的客人，首先就要严格遵守预约的拜访，切忌迟到，要知道浪费别人的时间等于谋财害命；其次，预约的拜访不能准时赴约，要提前打电话通知对方，即使责任不在自己，也要表达一定的歉意。

2. 妥善处置自带物品

在进客户办公室之前，要先看看鞋上是否带泥。擦拭之后，先敲门再走进去。

雨具、外衣等要放到主人指定的地方。如果主人较自己年长，那么主人没坐下，自己不宜先坐下。自己的交通工具如自行车要锁好，放在不影响交通的地方，如果放的位置不好或忘锁被盗，不仅自己受损失，也给主人带来麻烦。

3. 言行谨慎

在客户处做客，不能大大咧咧地径直坐到席上，要等主人力邀后再做出“恭敬不如从命”；等人时，不要左顾右盼；主人奉茶之后，先搁下来，在谈话之间啜之最为礼貌。如果要抽烟，一定要征得主人的同意，因为吸烟会危害他人的健康；如果客户处未置烟灰缸，多半是忌烟的；如果掏烟打火，让主人匆忙替你找烟灰缸，是尤其不尊重人的举动。

无事也登“三宝殿”，其实也是为了将来有事相求，不必吃“闭门羹”。然而，商务拜访中如果忽视了这些细节，在这些“冷庙”烧上再多的香，也不能在危难之时顺利抱住“佛脚”，从而失去拯救自己的职业命运的机会。

利益互补，让应酬双方更亲密

在生意场上，不仅性格相似的人会相互吸引，彼此之间性格差异较大的人也能够建立较为亲密的关系。当双方的需要或满足需要的途径刚好互补时，彼此就产生了强大的吸引力，即A所具有的长处正是B所不具备的，B所拥有的优势正是A所没有的，他们对对方的倾慕会相互吸引。因为他们各自都能弥补对方的不足，互通有无，所以能一拍即合。

商务应酬时，要想迅速获得对方的好感和信任，你需要抓住对方的劣势，以弥补你的优势，从而互通有无，促成一次完满的合作。

联想集团一贯擅长强强联合，一再发挥互补的优势作用。“盲人背瘸子”是柳传志为联想集团确定的产业发展策略。所谓“盲人背瘸子”，即优势互补、合作制胜之意。在联想集团，这样的案例不胜枚举，但最具有典型意义的要数柳倪联手卖汉卡的成功了。

20世纪80年代初期，中国的电脑市场存在着一个很大的技术难题——西文汉化。在这个技术难题没有被攻克之前，由于绝大部分中国人不精通英语而导致计算机的使用无法熟练化，这大大抑制了计算机在中国市场的销量。

这是计算机销售在中国内地打不开市场的一个根源性问题，不是促销、广告、降价所能解决的。因此，西文汉化问题成为当时在中国推广销售计算机的一个障碍，即使有再多的公司从事销售工作也无法绕开这个制约电脑普及的瓶颈。

解决不了这个问题，推广和销售将无从谈起。对此，作为中科院计算机所的新技术公司，柳传志等人显然很早就认识到了这个问题，同时他们也看准了这一历史机遇，准备抓住机遇求发展。

与此同时，中科院计算机所的研究员倪光南正忙着 LX—80 汉字系统向 PC 的最后移植工作，于是，柳传志等人很快就向倪光南伸出了合作之手。

柳传志投入了 70 万元，扑在了汉卡的研究上。在有资金、有技术、有人才的基础上，倪光南团队研制出来的“联想汉卡”很快上市了。

为了推销联想汉卡，柳传志重点做了三件事：第一件是证明联想汉卡是个好东西；第二件是宣传联想汉卡是个好产品；第三件是让更多的人都来买联想汉卡。

另外，柳传志还树立了“联想”这面旗帜，在卖联想汉卡的同时，着力打造联想这一高科技企业的形象。

通过柳传志等人的不懈努力，联想汉卡的销售最终取得了突破性的进展：

1985 ~ 1994 年累计销售达 15 万套；1985 年联想集团实现销售收入 300 万元，1986 年收入 1800 万元。

“柳倪合作”的联想汉卡使联想集团在短短的两年时间内快速积累了上千万元的资本，为联想集团的发展壮大奠定了坚实的基础。正是因为柳传志懂得优势互补的重要性，联想才能创造一路的辉煌。

但值得注意的是，互补是相对的、有条件的，需求的互补性是以商务应酬中的双方都得到满足为前提的，如果不能满足这一要求，那么那些相反的特性就不能够产生互补，如高雅和庸俗、庄重和轻浮、真诚和虚伪等。

反客为主，失礼而不失“理”

《三国演义》中讲到，曹操率领大军南征，刘备败退，无力反击，大有坐以待毙之势。以刘备单独的力量，绝对无法与曹操的势力相抗衡，解决的办法只有一个，就是与江东的孙权联手。此时，诸葛亮自愿出使到江东做说客，他并不像一般人那样低声下气地求孙权，却采用“反客为主”的方法，表现出一副强硬的态度，硬是激发了孙权的自尊心。

当时，东吴孙权自恃拥有江东全境和十万精兵，又有长江天堑作为天然屏障，大有坐观江北各路诸侯恶斗的态势。他断定诸葛亮此来是做说客，采取了一种居高临下的姿态等待着诸葛亮的哀求。

不想诸葛亮见到孙权，开门见山地说道：“现在正值天下大乱之际，将军你举兵江东，我主刘备募兵汉南，同时和曹操争夺天下。但是，曹操几乎将天下完全平定了，现在正进军荆州，名震天下，各路英雄尽被其所网罗，因而造成我主刘备今日之败退，将军你是否也要权衡自己的力量，以应对目前的情势？如果贵国的军势足以与曹军相抗衡，则应尽快与曹军断交才好。”

诸葛亮只字不提联吴抗曹的请求，他知道孙权绝不会轻易投降，屈居曹操之下。孙权听完诸葛亮的一席话，虽然不高兴，但不露声色，反问道：“照你的说法，刘备为何不向曹操投降呢？”

诸葛亮面对孙权的质问，答道：“你知道齐王田横的故事吗？他忠义可嘉，为了不服侍二主，在汉高祖招降时不愿称臣而自我了断，更何况我主刘皇叔乃堂堂汉室之后。钦慕刘皇叔之英迈资质，而投到他旗下的优秀人才不计其数，不论事成或不成，都只能说是天意，怎可向曹贼投降？”

虽然孙权决定和刘备联手，但面对曹操八十万大军的势力，心里还存在不少疑惑。诸葛亮看出这一点，进一步采用分析事实的方法说服孙权。

“曹操大军长途远征，这是兵家大忌。他为追赶我军，轻骑兵一整夜急行三百余里，已是‘强弩之末’。且曹军多系北方人，不习水性，不惯水战。再则荆州新失，城中百姓为曹操所胁，绝不会心悦诚服。现在假如将军的精兵能和我们并肩作战，定能打败曹军。曹军北退，自然形成三分天下的局面，这是难得的机会。”

孙权遂同意诸葛亮提出的孙刘联手抗曹的主张，这才有后来举世闻名的“赤壁之战”。诸葛亮真不愧为求人高手。

人总是欺软怕硬的，遇到弱小的一方总是喜欢以强欺弱，非得把对方逼到无路可退的境地，这是人的一种劣根性。如果在生意场上，你居于弱势地位，当对方不肯轻易顺从你的意见，甚至显示出一种居高临下的姿态时，可以一上来就以“恐吓”的方式压制住对方，从而让对方屈从和改变主意，而你则反客为主，占据主动地位。生意场上，像一场没有硝烟的征战，谁能将主动权控制在手中，谁就能赢得制胜的先机，赢得更多的财富。

信用，商场上最好的金字招牌

信用是长时间积累的信任和诚信度，它是我们在生意场上与人竞争和与人共处时最重要的素质和资本。一个生意场上的高手，应该是一个恪守信用的人，以诚信去处理人际关系才会赢得别人的信任与尊重，赢得更多的生意和机会。

一个顾客走进一家汽车维修店，自称是某运输公司的汽车司机。

“在我的账单上多写点零件，我回公司报销后，有你一份好处。”他对店主说。但店主拒绝了这样的要求。

顾客纠缠说：“我的生意不算小，会常来的，你肯定能赚很多钱！”店主告诉他，这事他无论如何也不会做。

顾客气急败坏地嚷道：“谁都会这么干的，我看你是太傻了。”

店主火了，他要那个顾客马上离开，到别处谈这种生意去。

这时，顾客露出微笑并满怀敬佩地握住店主的手：“我就是那家运输公司的老板，我一直在寻找一个固定的、信得过的维修店，你还让我到哪里去谈这笔生意呢？”

面对诱惑，店主没有心动，不为其所惑，坚守诚信。因此，他赢得了顾客的信任。

诚信是为人之本，立业之基，是打开你人际关系的“万能钥匙”。

如今，社会复杂，世事难料，人心叵测，每一个人都戴着厚厚的眼镜看世界、裹着厚厚的棉被与人交往，彼此之间小心翼翼，思前顾后，人与人之间总有一层隔膜或一道难以逾越的鸿沟，最终只能导致彼此逐渐疏远和冷漠。我们需要的是信任和相互扶持，这就需要我们敞开心扉，用真诚对待别人，用诚信之心面对周围的人和事物，因为只有诚信才能征服别人，赢得尊重。

尼泊尔的喜马拉雅山南麓是风靡世界的旅游胜地，但是，谁能想象到这样一块胜地早年却是寂寞得无人问津、无人涉足，而它的美貌乍现于天下却源于一位少年的诚信。

起初，很多日本人到这里来观光旅游，他们想亲眼目睹喜马拉雅山的壮观和伟岸。由于不熟悉当地环境和方言，有一天，几位日本摄影师不得不请当地一位少年代买啤酒，结果，这位少年为之跑了3个多小时才买回了啤酒。

第二天，那个少年又自告奋勇地再替他们买啤酒。这次摄影师们给了他很多钱，但直到第三天下午那个少年还没回来。于是，摄影师们议论纷纷，都认为那个少年把钱骗走了。

但令人意想不到的是，第三天夜里，那个少年却敲开了摄影师的门。原来，他只购得4瓶啤酒，为了购买另外的6瓶，他又翻了一座山、蹚过一条河才购得，然而，少年返回时却因绊倒摔坏了3瓶。他哭着拿着碎玻璃片，向摄影师交回零钱，在场的人无不动容。这个故事使许多外国人深受感动。后来，到这儿的游客就越来越多……

不要以为进入市场经济，就可以抛弃一切“陈规老套”，认为诚信那套东西对当代人早已过时了，不适用了，是我们应该耍小聪明的时候了……如果你这么想，那就大错特错了。其实，很多老祖宗留下的东西都是“宝贝”，弃之不用，你只会在无数摸爬滚打中“栽跟头”。

譬如诚信，“无信者不足以立于天下”，人际交往中也许一个背信弃义的人在可能取得暂时的利益，能暂时得意，也不会有羞辱之感，但是时间会碾碎他，时间会抛弃他，时间会让他曾经“购买”的“股票”全部贬值，而且贬得一文不值。

世间的有些东西具有永久的“储藏”价值，诚信便是，“储存”诚信能让你赢得别人的信任，更能征服别人，让你的“腰板”更直，是助你的学业或者事业取得成功的重要砝码。

分人一杯羹，日后落难有帮手

一个人做事千万别做绝，得尽好处，这样的话，你得势时虽然做到了初一，但等你失势时人家就会做到十五，到头来自己说不定就会落得个悲惨的下场，所以有好处时一定要分给别人一杯羹，这叫“与人方便，自己方便”。

常言道“人在江湖飘，哪有不挨刀”，很少有人能在江湖这个是非之地叱咤风云又全身而退，如果有的话，一来可以认为自己运气太好，没有碰到厉害的角色；二来认为自己太会做人，达到了无懈可击的程度。一代“红顶商人”胡雪岩，便是做到了后者的处世高手。

清朝著名的“红顶商人”胡雪岩，一生纵横官场与商场，做人真正做到了“人精”的地步，他做人一个很重要的原则便是“利益均沾，资源共享”。这才成就了他的一段“不朽”传奇。

胡雪岩做生意，永远会把人缘放在第一位，“人缘”，对内指员工对企业忠心耿耿，一心不二；对外指同行的相互扶持、相互体贴。

胡雪岩对于金钱的看法有着独到的见解，其中，很重要的一点便是与他人分一杯羹，好处共享。

有一次，胡雪岩打听到一个消息说外面运进了一批先进、精良的军火。消息马上得到进一步的确定，胡雪岩知道这又是一笔好生意，做成一定大有赚头。他立即找外商联系，凭借老到的经验、高明的手腕，以及他在军火界的信誉和声望，胡雪岩很快就把这批军火生意搞定了。

正当春风得意之时，他听商界的朋友说，有人在指责他做生意不仁道。原来外商已把这批军火以低于胡雪岩出的价格，拟定卖给军火界的另一位同行，只是在那位同行还没有付款取货时，就被胡雪岩以较高的价格买走了，使那位同行丧失了赚钱的好机会。

胡雪岩听说这事后，对自己的贸然行事感到惭愧。他随即找来那位同行，商量如何处理这事。那位同行知道胡雪岩在军火界的影响，怕胡雪岩在以后的生意中与自己为难，所以就不好条件，只好推说这笔生意既然让胡老板做成了就算了，只希望以后留碗饭给他们吃。

事情似乎就这么轻易地解决了，但胡雪岩却不然，他主动要求那位同行把这批军火“卖”给他，同样以外商的价格，这样那位同行就吃个差价，无须出钱，更不用担风险。事情一谈妥，胡雪岩马上把差价补贴给了那位同行。那位同行甚为佩服胡雪岩的商业道德。

这样一来，胡雪岩避免了为自己将来树立一个潜在的敌人。

所以说，他的“舍”实在是极有眼光、有远见的。

预见性感情投资

在生意场上，运用人情效应有预见性地进行感情投资，放长线钓大鱼，就可以起到事半功倍的作用。

某电子产品加工企业的老总张帆非常善于使用感情投资，他用这种方法为自己企业的发展赢得了稳定的客户关系。

由于是一家加工企业，所以张帆必须长期承包那些大型电器公司的工程才能维持企业的生存。为了赢得稳定的客户关系，他对这些电器公司的重要人物常施以小恩小惠。不过他与一般企业家交际方式的不同之处是：不仅奉承公司要人，而且对无关紧要的年轻职员也颇为殷勤。

表面看来，张帆的做法似乎没有必要，但谁都知道，张帆并非无的放矢。因为在做这些事之前，张帆总是想方设法将这些电器公司内部职员的学历、业绩、工作能力以及他们的人际关系，做一次全面的调查和了解。

通过调查，张帆认为某个人大有可为，以后会成为公司的要员时，不管他有多年轻，张帆都积极地与他建立交情。他之所以这样做，是为日后获得更多的客户资源作准备。

如此一来，十个欠他人情债的人中有九个会给他带来意想不到的收益。

虽然目前看起来，张帆做的是“亏本”生意，但日后他会成倍地收回投资。所以，当他所看中的某位年轻职员晋升时，他便会立即跑去庆祝，赠送礼物，还邀请他到高级酒店用餐。

一般情况下，年轻人没有机会出入这些高级场所，因此，对他的这种盛情款待自然备受感动。他们都认为张帆真是个大好人，以后有机会一定要报答他。无形之中，这位年轻人就产生了知恩图报的想法。

正在受宠若惊之时，张帆却说："我们企业能有今天，完全是靠贵公司的抬举，因此，我向你这位优秀的职员表示谢意，也是应该的。"他这样说的用意，是不想让这位职员产生不必要的心理负担。

这样，当有朝一日这些职员晋升至处长、经理等要职时，他们都还记着这位张帆的恩惠，自然忘不了报答这位大恩人。因此，在市场饱和、竞争加大的时期，许多承包商都倒闭或者破产了，但张帆的企业仍旧生意兴隆，原因就在于他平常就十分注重感情投资。

在这个例子中，张帆采用的就是"放长线，钓大鱼"的感情投资策略。事实证明，这种策略很有效。所以，平常我们应当尽量把眼光放长远一点，多进行人缘方面的感情投资，即便在短期内这种投资不能获得收益，总有一天我们得到的回报会成倍翻滚。

用放长线、钓大鱼的方法，去经营商务关系，这和钓鱼的道理有点相似。可通过下面的"三部曲"来实现：

1. 做饵与下钩

这时候，你需要掌握要钓的鱼爱吃什么食（即要针对的人用什么能够激起其欲望）；鱼饵是否更能奏效，等等。下钩要找对合适的“鱼塘”（即场合）及合宜的时机。

2. 守竿

此阶段一要有耐心，为人不可急功近利，不要“一下钩就想见到鱼”。二要冷静，给“鱼”一点点“甜头”还不足以使其上当，也许对方是在试探是否安全。

3. 收钩

这是最关键的时刻，到嘴边的肉却没吃到的情况大多发生在这个时候。此时务必要深藏不露，一旦稍露峥嵘或过于急促，便会功亏一篑。老于世故者，定会随机收放，张弛相宜，吊足对方的胃口，让钩进嘴更深，钓得更牢。

只有掌握了上面三点才能钓到大鱼，顺利实现预见性感情投资。

礼尚往来，赢得好人缘

所谓“有‘礼’走遍天下”，又所谓“伸手不打笑脸人”，都是在强调“礼”的重要性。时时不忘以“礼”示人的人，人际关系才能良好，才能在交际应酬场上赢得好人缘。

一个刚刚走出大学校门的女孩，接到一家大企业的面试通知，她在兴奋之余又非常紧张。面试那天，尽管作了充分的准备，她还是没能够表现出自己应有的水准，她实在太紧张了，说话结结巴巴、语无伦次，对面的几个考官都皱起了眉头。

这时，一位中年男士走进办公室和考官耳语了几句，在他离开时，女孩听到人事主管小声说了句“经理慢走”。

那位男士从女孩身边经过，给了她一个鼓励的眼神，女孩非常感激，立刻站起来，毕恭毕敬地对他说：“经理您好，您慢走！”她看到了经理眼中些许的诧异，然后他笑着点了点头。等她再坐下时，她从人事主管的眼中看到了笑意……

一个星期后，她竟然获得到了这份宝贵的工作。就是因为她对经理那句礼貌的称呼，让人事部觉得她对行政客服工作能够胜任，所以对她的印象非常好，才给了她这份工作。

现实中，找个借口或名堂给要建立关系的人送点礼物，也会赢得好人缘，但送礼要讲究艺术，否则送不到位也会把送礼这件好事弄得适得其反。

送礼之所以称为艺术，关键在一个“送”字，你的聪明才智将在这个字上表现得淋漓尽致，也可能你的蠢笨愚拙在这个字上也会一览无遗。

“送”是整个礼物馈赠过程中的最后一环，送得好，方法得当，会皆大欢喜，境界全出。送得不好，让人挡回，触了霉头，定会堵心数日。所以，只有巧妙掌握送礼的技巧，才能把整个送礼过程划上一个漂亮的句号。

送礼者最头疼的事，莫过于对方不愿接受或严词拒绝，即使婉言推却，或事后送回，都令送礼者十分尴尬，弄得个钱已花，情未结，赔了夫人又折兵。那么，怎样才能防患于未然，一送中的呢？

现实中有如下经验可以借鉴：

1. 借花献佛

如果你送的是土特产，你可说是老家来人捎来的，分一些给对方尝尝鲜，东西不多，又没花钱，不是单独给他买的，请他收下。一般来说，受礼者那种因盛情无法回报的拒礼心态可望缓和，会收下你的礼物。

2. 暗度陈仓

如果你送给对方的是酒一类的东西，不妨避谈“送”字，假说是别人送你两瓶酒，来和对方对饮共酌，请他准备点菜。这样喝一瓶送一瓶，关系近了，礼也送了，还不露痕迹，岂不妙哉！

3. 借马引路

有时你想送礼给人，而对方却又与你八竿子拉不上关系，不好直接去送，你不妨选受礼者的生日，邀上几位熟人一同去送礼祝贺，那样一般受礼者便不好拒绝了，当事后知道这个主意是你出的时，必将改变对你的看法。借助大家的力量达到送礼联情的目的，实为上策。

4. 间接迂回

A 有事要托 B 去办，想送点礼物疏通一下，可是又怕 B 拒绝驳了自己的面子。A 的爱人与 B 的爱人很熟，A 便走起了夫人外交，让爱人带着礼物去拜访，一举成功，礼也收了，事也办了，两全其美。看来，有时直接出击不如迂回运动能收奇效。

5. 醉翁之意

假如你是给家庭困难者送些钱物，有时他们自尊心很强，轻易不肯接受救助。

你若送的是物，不妨说这东西我家搁着也是闲着，让他拿去先用，日后再还回；如果送的是钱，可以说拿些先花，以后有了再还。受礼者会觉得你不是在施舍，日后又还，会乐于接受的。这样你送礼的目的就达到了。

6. 锦上添花

一位学生受老师恩惠颇多，一直想回报，苦无机会。

一天，他偶然发现老师红木镜框中镶着的字画竟是一幅拓片，与屋里雅致的陈设不太协调。正好，他的叔父是全国小有名气的书法家，他手头正有叔父赠的字画。于是他马上把字画拿来，主动放到镜框里。老师不但没反对，而且非常喜爱。学生送礼回报的目的终于达到了。

如不能“雪中送炭”，“锦上添花”也是良策。

7. 异曲同工

有时送礼不一定自己掏钱去买，然后大包小包地送去，在某种情况下人情也是一种礼物。

第十章

拒绝低效社交，和陌生人也能一见如故

生活中我们经常和熟人交往或者交流，已经习惯了熟人之间的交往模式和对方的性格特点。对于熟人，你差不多都有所了解，交往应酬方面也相对容易些。但是，我们也时常需要和陌生人打交道。面对一个完全没见过面的人，该如何迅速拉近关系，这就需要我们懂得并熟练应用一些技巧了。

把握好开头五分钟，攀谈就会自然而然

人们第一次相遇，需要多少时间决定他们能否成为朋友？一般来说，仅需五分钟。人们接触的第一个五分钟主要是交谈。在交谈中，你要对所接触的对象谈的任何事都感兴趣。无论他从事什么职业，讲什么语言，以什么样的方式，对他说的话都要耐心倾听。如果你这样做了，你会觉得整个世界充满情趣，你将会交到无数的朋友。

许多人同陌生人说话都会感到拘谨。建议你先考虑一个问题，为什么你跟老朋友谈话不会感到困难？很简单，因为你们相当熟悉。相互了解的人在一起，就会感到自然协调。而对陌生人却一无所知，特别是进入了一个充满陌生人的环境，有些人甚至

怀有不自在和恐惧的心理。你要设法把陌生人变成老朋友，首先要在心目中建立一种乐于与人交朋友的愿望，心里有这种要求，才能有行动。

以到一个陌生人家去拜访为例：如果有条件，应当对要拜访的客人做些了解，探知对方一些情况，关于他的职业、兴趣、性格之类。

当你走进陌生人的住所时，你可凭借自己的观察力，看看墙上挂的是什么？国画、摄影作品、乐器……都可以推断主人的兴趣所在，甚至室内某些物品都会引出一段故事。如果你把它当作一个线索，就可以由浅入深地了解主人心灵的某个侧面。当你抓到一些线索后，就不难找到开场白。

如果你不是去见一个陌生人，而是参加一个充满陌生人的聚会，观察也是必不可少的。你不妨先坐在一旁，耳听眼看，根据了解的情况，决定你可以接近的对象，一旦选定，不妨走上前去向他作自我介绍，特别是对那些同你一样，在聚会中没有熟人的陌生者，你的主动行为是会受到欢迎的。

应当注意的是，有些人你虽然不喜欢，但必须学会与他们谈话。当然，人都有以自我兴趣为中心的习惯，如果你对自己不感兴趣的人，一句话都不说，恐怕也不是一件好事。别人会认为你很骄傲，甚至有些人会把这种冷落当作侮辱，从而产生隔阂。

和自己不喜欢的人谈话时，第一要有礼貌；第二不要谈论有关双方私人的事，这是为了使双方自然地保持适当的距离，一旦你愿意和他结交，就要一步一步设法缩短这种距离，使双方容易接近。

在你决定和某个陌生人谈话时，不妨先介绍自己，给对方一个接近的机会，你不一定先介绍自己的姓名，因为这样人家可能会感到唐突。不妨先说说自己的工作单位，也可问问对方的工作单位。一般情况下，你先说说自己的情况，人家也会相应地告诉你他的一些情况。

接着，你可以问一些有关他本人的而又不属于秘密的问题。对方有一定年纪的，你可以向他询问子女在哪里读书，也可以问问对方单位一般的业务情况。对方谈了之后，你也应该顺便谈谈自己的相应情况，才能达到交流的目的。

和陌生人谈话，要比对老朋友留心，因为你对他所知有限，更应当重视已经得到的任何线索。此外，他的声调、眼神和回答问题的方式，都可以揣摩一下，以决定下一步是否能向纵深发展。

有人认为见面谈谈天气是无聊的事。其实，这要具体问题具体分析。如果一个人说："这几天的雨下得真好，否则田里的稻苗就旱死了。"而另一个则说："这几天的雨下得真糟，我们的旅行计划全给泡汤了。"你不是也可以从这两句话中分析两人的兴趣、性格吗？退一步说，光是敷衍性的话，在熟人中意义不大，但对与陌生人的交往还是有作用的。

如遇到比你羞怯的人，你更应该跟他先谈些无关紧要的事，让他心情放松，以激起他谈话的兴趣。和陌生人谈话的开场白结束之后，特别要注意话题的选择。要尽量避免，那些容易引起争论的话题，为此当你选择某种话题时，要特别留心对方的眼神和小动作，一旦发现对方厌倦、冷淡的情绪时，应立即转换话题。

在与人聚会时，常常会碰到请教姓名的事，“请问你尊姓大名”。你要牢牢记住对方的姓名，对方说出姓名之后，你应立即用这个名字来称呼他，当你碰到一个可能已经忘记姓名的人，你可以表示抱歉，“对不起，不知怎么称呼您？”也可以说半句“您是——”“我们好像——”，意思是想请对方主动补充回答，如果对方老练，他会自然地接下去。

顺利地与陌生人开始攀谈，给人一个好印象，积累人脉资源为你所用。学会和陌生人攀谈，谁都可能成为你的朋友。

巧说第一句话，陌生人也能一见如故

陌生人打交道，说好第一句话，就会给对方留下好印象，从而带动对方的谈话欲望，如此以来，就能打开对方的话匣子，谈话便会顺利进行下去。

与陌生人打交道，谁都会存有一定的戒心，这是初次交往的一种障碍。而初次交往的成败，关键要看如何冲破这道障碍。如果你用第一句话吸引对方，或是讲对方比较了解的事，那么，第一次谈话就不仅仅是形式上的客套。如果运用得巧妙，双方会因此打成一片，变得容易相处了。

比如，在一个严冬的夜晚，你与一位陌生人见面，“今晚好冷”这句话自然会成为你们之间所使用的开场白。单纯地使用它，虽然也能彼此引出一些话来，但这些话也可能对彼此无关紧要，再深一步的交谈也就困难了。

但是，如果你这样说：“哦，今晚好冷！像我这种在南方长大的人，尽管在这里住了几年，但对这种天气还是难以适应。”

如果对方也是在南方长大的，就会引起共鸣，接着你的话头说出一些有关的事；如果对方是在北方长大的，他也会因为你在谈话中提到了自己的故乡在南方，而对你的一些情况产生兴趣，产生进一步了解你的欲望，这样就可以把交谈引向深入。而且把自我介绍与谈话有机地结合，也不致令人觉得牵强、不自在。人们在不知不觉之中，就会放弃戒备的心理，从而产生“亲切感”。

有的人采用一种很自然的、叙述型的谈话开头，也能给人一种亲切感，同时还能让人想继续向他询问一些细节。

说第一句话的原则是：亲热、贴心、消除陌生感。总结起来常见的有以下三种方式：

1. 攀认式

赤壁之战中，鲁肃见诸葛亮的第一句话是：“我，子瑜友也。”子瑜，就是诸葛亮的哥哥诸葛瑾，他是鲁肃的挚友。短短的一句话就定下了鲁肃和诸葛亮之间的交情。

其实，任何两个人，只要彼此留意，就不难发现双方有着这样或那样的“亲”“友”关系。

例如，“你是 ×× 大学毕业生，我曾在 ×× 进修过两年。说起来，我们还是校友呢！”

“您来自苏州，我出生在无锡，两地近在咫尺，今天得遇同乡，令人欣慰！”

2. 敬慕式

对初次见面者表示敬重、仰慕，这是热情有礼的表现。用这种方式必须注意：要掌握分寸，恰到好处，不能胡乱吹捧，不要说“久闻大名，如雷贯耳”之类的话。表示敬慕的内容也应该因时因地而异。

例如，“您的大作《教你能说会道》我读过多遍，受益匪浅。想不到今天竟能在这里一睹作者风采！”

“桂林山水甲天下。我很高兴能在这里见到您这位著名的山水画家！”

3. 问候式

“您好”是向对方问候致意的常用语。如能因对象、时间的不同而使用不同的问候语，效果则更好。对德高望重的长者，宜说“您老人家好”，以示敬意；对年龄跟自己相仿者，称“老×（姓），您好”，显得亲切；对方是医生、教师，说“李医师，您好”“王老师，您好”，有尊重意味。节日期间，说“节日好”“新年好”，给人以祝贺之感。早晨说“您早”“早上好”则比“您好”更得体。

说好了第一句话，仅仅是良好的开端。要想谈得有味，谈得投机，你还得在谈话的过程中寻找共同感兴趣的新话题，这样才能吸引对方，使谈话顺利地进行下去。

精彩地说出自己的名字

在向陌生人作自我介绍时，首先要做的是自报姓名，但许多人在这方面做得不太好，在介绍时只是简单地报出自己的姓名：“我姓×，叫××。”自以为介绍已经完成，然而这样的介绍算不上有技巧，也许只过了三五分钟，别人已经把你的姓名忘得一干二净，这样也就无法给别人留下深刻的第一印象。

一个人的姓名，往往拥有丰富的文化积淀，或折射凝重的史实，或反映时代的乐章，或寄寓双亲对子女殷切的厚望。因此，推衍姓名能令人对你印象深刻，有时也会令人动情。

1. 利用名人式

在新同事见面会上，代玉作自我介绍时说：“大家都很熟悉《红楼梦》里多愁善感的林黛玉吧，那么就请记住我，我叫代玉。”

再如王琳霞：“我叫王琳霞，和世界冠军王军霞只差一个字，所以，每次王军霞获得世界冠军时，我也十分激动。”

利用和名人名字相近的方式来介绍自己的名字，关键是所选的名人是大家都知道的，否则就收不到效果。

2. 自嘲式

如刘美丽介绍自己时说：“不知道父母为何给我取美丽这个名字。我没有标准的身高，也没有苗条的身材，更没有漂亮的脸蛋，这大概是父母希望我虽然外表不美丽，但不要放弃对一切美丽事物的追求吧。”

3. 自夸式

如李小华介绍自己时说：“我叫李小华，木子李，大小的小，中华的华。都是几个没有任何偏旁的最简单的字，就如我本人，简简单单、快快乐乐。但简单不等于没有追求，相反，我是一个有理想并执着的人，在追求理想的路上我快乐地生活着。”

4. 联想式

如一个同学叫萧信飞，他便这样做自我介绍：“我姓萧，叫萧信飞。萧何的萧，韩信的信，岳飞的飞。”绝大多数人对“萧何月下追韩信”的典故和民族英雄岳飞都很熟悉，这样一来，大家对他的名字当然印象深刻了。

5. 姓名来源式

如陈子健：“我还未出生，名字就在我父亲的心中了。因为他很喜欢一句古语‘天行健，君子以自强不息’，于是毫不犹豫地给我取了这个名字，希望我像君子一样自强不息。”

6. 望文生义式

如秦国生：“我出生在陕西，我叫秦国生。”

与其他方法相比，望文生义法有更大的发挥余地，例如下面的几例：

夏琼——夏天的海南，风光无限。

杨帆——一帆风顺，扬帆远航。

皓波——银色的月光照在水波上。

秀惠——秀外慧中，并非虚有其表。

7. 理想式

如向红梅：“我向往像红梅一样不畏严寒，坚强刚毅，在各种环境中都要努力上进，尤其是在艰苦的环境里，更要绽放出生命的美丽。”

8. 释词式

即从姓名本身进行解释。如朱红：“朱是红色的意思，红也是红色的意思，合起来还是红色。红色总给人热情、上进、富有生命力的感觉，这就是我的颜色！”

9. 利用谐音式

如朱伟慧："我的名字读起来像'居委会'，正因为如此，大家尽可以把我当成居委会，有困难的时候就来反映，本居委会力争为大家解决。"

10. 调换词序式

如周非："把'非洲'倒过来读就是我的名字——周非。"

11. 激励式

如展鹏在新生见面会上说："同学们，我们从五湖四海来到这里，为了什么？不就是为了好好学习，今后在社会这片广阔的天空中大鹏展翅，自由翱翔吗？"

12. 摘引式

如任丽群："大家都知道'鹤立（丽）鸡群'这个成语，我是人（任），更希望出类拔萃，所以，我叫任丽群。"

总之，自我介绍是有很大的发挥空间，我们应该想方设法把它丰富起来，不要放过任何一个引人注目的机会。

微笑，赢得他人好感的法宝

微笑是人际交往的通行证，是打开心门的钥匙。在与人交流中，主动报以微笑能迅速拉近彼此心与心的距离，赢得他人好感。

飞机起飞前，一位乘客请求空姐给他倒一杯水服药。空姐很有礼貌地说："先生，为了您的安全，请稍等片刻，等飞机进入平稳飞行状态后，我会立刻把水给您送过来，好吗？"

十五分钟后，飞机早已进入平稳飞行状态。突然，乘客服务铃急促地响了起来，空姐猛然意识到：糟了，由于太忙，忘记给那位乘客倒水了。空姐来到客舱，看见按响服务铃的果然是刚才那位乘客。她小心翼翼地把水送到那位乘客跟前，面带微笑地说："先生，实在对不起，由于我的疏忽，延误了您吃药的时间，我感到非常抱歉。"

这位乘客抬起左手，指着手表说道："怎么回事，有你这样服务的吗？"无论她怎么解释，这位挑剔的乘客都不肯原谅她的疏忽。

在接下来的飞行途中，为了补偿自己的过失，每次去客舱为乘客服务时，空姐都会特意走到那位乘客面前，面带微笑地询问他是否需要帮助。然而，那位乘客余怒未消，摆出一副不合作的样子。

临到目的地前，那位乘客要求空姐把留言本给他送过去。很显然，他要投诉这名空姐。飞机安全降落，等所有的乘客陆续离开后，空姐紧张极了，以为这下完了。没想到，她打开留言本，却惊奇地发现，那位乘客在留言本上写下的并不是投诉，相反却是一封热情洋溢的表扬信：

"在整个过程中，你表现出的真诚的歉意，特别是你的十二次微笑，深深打动了我，使我最终决定将投诉信写成表扬信。你的服务质量很高，下次如果有机会，我还将乘坐你们这趟航班。"

空姐看完信，激动得热泪盈眶。

在人际交往中，我们想要赢得他人的好感，必须要学会微笑，像故事中的那位空姐一样，用自己迷人的微笑来赢得他人的好感。微笑就像温暖人们心田的太阳，没有一块冰不会被融化。要带着真心、诚心、善心、爱心、关心、平常心、宽容心去微笑，别人就会感受到你的心意，被你这份心意感动。微笑可以使你摆脱窘境，化解人们彼此的误会，可以体现你的自信和大度。

在现实生活中，微笑能化解一切冰冷的东西，容易获得他人的好感。比如朋友、同事之间的吵架、误解，家人、邻居之间的矛盾，恋人、兄弟之间的隔阂等，都可以一笑了之，一笑泯恩仇。所以人际交往中，不管遇到什么困难，不管遇到多么尴尬的事情，常常告诉自己要微笑，没有什么事情不能用微笑化解的，只要你是真心的！

俗话说，“伸手不打笑脸人”，微笑能够化解矛盾和尴尬，取得意想不到的效果。微笑是人与人之间最短的距离，纵使再远的时空阻隔，只要一个微笑就能拉近彼此的心灵距离。当对方取笑你时，用微笑还击他，笑他的无知；当对方愤怒时，用微笑融化他，他会知道自己是在无理取闹；当彼此发生误解，争执不休时，用微笑打破僵局，你会发现事情其实并没有你们想象得那么复杂和严重……

微笑是人际交往的通行证，没有一个人不喜欢和微笑的人打交道！

渲染氛围，增强交际的润滑剂

在日常生活中，无论是吃饭，还是学习，大家总喜欢说：

“要有氛围！”没错，氛围真的很重要，尤其在与人交往的时候，如果渲染得当，可以大大增强你的吸引力。不信吗？那不妨来看一看下面的例子吧！

为了丰富学生的课余生活，某大学专门邀请了一位著名教授举办讲座，但由于临时改变地点，时间仓促，又来不及通知，结果到场的人很少。教授到了会场才发现只有十几个人参加。

他有点尴尬，但不讲又不行，于是他随机应变，说：“会议的成功不在人多人少，中共第一次党代会才到了12人，但意义非同小可。今天到会的都是精英，我因此更要把课讲好。”

这句话把大家逗得开怀大笑。这一笑，活跃了气氛，再加上教授讲课充满激情，使得那一次讲座非常成功。

人际交往就如同舞台上的演出，为了演出的成功，不仅需要很好的台词、演技，还需要一种看不见、摸不着且必不可少的氛围，就像电影中要有背景音乐来渲染气氛。在人际交往的场合，也需要营造点氛围，好像交际的润滑剂，使交际能顺利地进行下去。

在交际活动中，如果把交际桌看成是会议桌，气氛就很难营造出来，也无法让对方投入。想让对方投入，多半要靠自己的带动。有一种生意人，他们可以在会议桌上表现得非常严肃、理智，然而，一旦到了社交场合，又放得很开，与人斗酒、唱卡拉OK、开各式各样的玩笑，一副百无禁忌的样子。事实上这么做，也是为了营造交际气氛。

在日常生活中，个人的情绪体验是受多种因素影响的，如光线、气温、噪声以及卫生条件等都会左右我们的情绪，而这些情绪反应又会影响到人际吸引力。

国外一项实验研究证明，不同的背景音乐对人际吸引力会产生不同的影响。他们以女大学生为例，首先测定她们最喜欢和最不喜欢的音乐，然后请她们评定一些陌生男性的照片，在评定过程中播放不同的背景音乐作为衬托。

结果发现，当用她们喜欢的音乐作为背景时，对照片中的人物评价较高；当用她们不喜欢的音乐作为评价背景时，对照片中的人物评价往往较低；而在没有音乐背景配合时，评价介于上述两种情况之间。

因此，个体的体验不仅受物理环境的影响，还受个人的知识、经验、个性等因素的影响，带有强烈的主观色彩。在人际交往中，我们应当看到个体的主观体验会影响我们对一个人的评价。当我们作为社交活动的组织者或主导的一方时，应当注意环境布置的细节问题，使客人们能在清洁舒适、平等友好的场合中畅所欲言。

同时，在具体的交往场合中，我们自己也可以发挥理智的、能动的调节作用，尽量客观地评价交往对象，不要受环境氛围的困扰和迷惑。

在和谐、融洽的交际氛围中，在平等、自由等具有安全感的人际情境中，我们更愿意进行主动的交流与沟通。因而在人际交往时，我们要善于通过环境、幽默的言谈等营造良好的交际氛围，以增加吸引力。

寻找共同兴趣，激发对方的情绪

事前规划，可事半功倍。与陌生人交往之前，要尽量对对方的职业、性格、兴趣等有一个比较全面的了解，这样在交往过程中你就能做到有的放矢。

清末，在宦官李莲英的保荐下，盛宣怀才受到权势显赫的醇亲王的接见，详细汇报有关电报的事宜。盛宣怀以前没有见过醇亲王，但与醇亲王的门客张师爷交往甚密，从他那里了解到醇亲王两个方面的情况：

第一，醇亲王和恭亲王不同，恭亲王认为中国要向西洋学习，醇亲王则认为中国人不比洋人差，自己的一套才是最好的。

第二，醇亲王虽然好武，但自认为书读得不少，颇具文人风范。

盛宣怀了解到这些情况后，就到身为帝师的工部尚书翁同龢那里抄了些醇亲王的诗稿，背熟了好几首，以备不时之需。

“文如其人”这句话一点都不错，盛宣怀还从醇亲王的诗中悟出了醇亲王的心思。谒见之时，当他们谈到电报这一名词的时候，醇亲王问：“那电报到底是怎么回事？”

“回王爷的话，电报本身并没有什么了不起，就是一个活用，所谓‘运用之妙，存乎一心’，如此而已。”

醇亲王听他能引用岳武穆的话，不免有所欢喜，随即问道：“你也读兵书？”

“在王爷面前，怎么敢说读过兵书？不过英法内犯，皇帝大臣人人忧国忧民，那时如果不是王爷神武，力擒三凶，大局真不堪设想了。”盛宣怀略停了一下又说：“那时有血气的人，谁不想洗雪国耻，宣怀也就是在那时候，自不量力，看过一两部兵书。”

盛宣怀真是三句话不离醇亲王的“本行”，接着他又把电报的作用描绘得神乎其神，醇亲王也觉得飘飘然，觉得中国非办电报不可。后来，醇亲王干脆把督办电报业的事托付给盛宣怀。

从上面这个例子可以得知，当你要去特意结识一位陌生人时，一定要多加准备，将其当成你人生中的一个重要经历。你可以通过多种渠道事先了解对方的背景、经历、性格、喜恶，在对对方的基本情况了如指掌的前提下，还要设想有可能出现的变故，做好以不变应万变的心理准备。求同存异，在交往中要尽力寻找双方在兴趣喜好等方面的共同点，以加深彼此交流。

“酒逢知己千杯少”，两个意气相投的人碰到一起，往往能产生相见恨晚的感觉，双方日后的交往也会变得如鱼得水。

幽默让对方向你靠近

幽默使生活充满了情趣，哪里有幽默，哪里就有活跃的氛围。

在人际交往中，幽默是心灵与心灵之间快乐的天使，拥有幽默就拥有爱和友谊。

一个秃头者，当别人称他“理发不花钱，洗头不费水”时，他当场变了脸，使原本比较轻松的环境变得紧张起来。

一位演讲的教授，也是一个秃头，他在自我介绍时说："一位朋友称我聪明透顶，我含笑地回答：'你小看我了，我早就聪明绝顶了。'"然后他指了指自己的头说，"我今天演讲的题目是外表美是心灵美的反映。"

教授就这样开始了自己的演讲，整个会场充满了活跃的气氛。

同样是秃头，同样容易受到别人的揶揄和嘲谑，为什么不同的人得到的却是别人不同的反应，其间的缘故就是没有幽默感。

一位歌手，有一次在某座城市开演唱会，发现听众不到一半，他很失望也很难堪，但是他走向舞台时却说："这个城市一定很有钱，我看到你们每个人都买了两三个座位的票。"于是，整个大厅里充满了欢笑，歌手也以寥寥数语化解了尴尬的场面。

由此可见，幽默不仅反映出一个人随和的个性，还显示了一个人的聪明、智慧以及随机应变的能力。但需要注意的是，幽默既不是毫无意义的插科打诨，也不是没有分寸的卖关子、耍嘴皮子。幽默要在入情入理之中，引人发笑，给人启迪。

生活中应用幽默，可缓解矛盾，调节情绪，促使心理处于相对平衡状态。

幽默并非天生就有，而是需要自己用心培养。那么，怎样培养幽默感呢？

1. 首先要领会幽默的真正含义

幽默不是油腔滑调，也非嘲笑或讽刺。正如有位名人所言：

浮躁难以幽默，装腔作势难以幽默，钻牛角尖难以幽默，捉襟见肘难以幽默，迟钝笨拙难以幽默，只有从容、平等待人、超脱、游刃有余、聪明透彻，才能幽默。

2. 扩大知识面

幽默是一种智慧的表现，它必须建立在丰富的知识基础上。一个人只有具有审时度势的能力、广博的知识，才能做到谈资丰富，妙言成趣，从而作出恰当的比喻。

因此，培养幽默感，必须要广泛涉猎，充实自我，不断地从浩如烟海的书籍中收集幽默的浪花，从名人趣事的精华中撷取幽默的宝石。

3. 陶冶情操

幽默是一种宽容精神的体现，要使自己学会幽默，就要学会宽容大度，克服斤斤计较，同时还要乐观。乐观与幽默是亲密的朋友，生活中如果多一点趣味和轻松、多一点笑容和游戏、多一份乐观与幽默，就没有克服不了的困难，也不会出现整天愁眉苦脸、忧心忡忡的痛苦者。

4. 培养敏锐的洞察力

提高观察事物的能力，培养机智、敏捷的能力是提高幽默的一个重要方面。只有迅速地捕捉事物的本质，以诙谐的语言作出恰当的比喻，才能使人们产生轻松的感觉。

当然，在幽默的同时还应注意，重大的原则是绝对不能马虎，不同问题不同对待，在处理问题时要极具灵活性，做到幽默而不俗套，使幽默为人们的精神生活提供真正的养料。

陌生人对自信的人有好感

“有自信的人最美”是因为那种自信的容貌，会让人觉得充满希望，让人觉得活力十足、魅力万分。培养自信心，要从自己感兴趣的事情着手，多接触自己喜好的事物，自信自然而然就会产生了。

在人际关系上，不论在什么场合，初次见面时太过于热衷地争取某种事情时，只会使人们以为你是一个惯于使用手段的人，还是一个自以为聪明的人。其结果大多是聪明反被聪明误。

人们对于使用手段的人往往心存一道防线，并且会本能地降低对对方的人格评价，怀疑他为人的诚实性，认为他心怀叵测，另有企图。

这种急于成功的人，其实还是对自己没有信心。他们害怕得不到别人的友情、喜欢、支持，害怕得不到自己所期望的东西。他们不敢告诉自己：“对方是喜欢我的，支持我的。”甚至会不安地怀疑自己：“对方是否讨厌我？”于是，他们的这种想法传染给对方，却无意中流露出了没有自信，对此，有心人是一目了然的。

所以初次见面时，不论是何种状况，要做到镇定，并善于用眼神表达自己的友善、关怀和愿望，这是一种自信的表现。说话时善用眼神接触，能带来认真、可靠的印象。一般人对于自信的人都会另眼相看，并使人产生信赖的好感。如果你充满自信，对方会对你产生好感；如果你含含糊糊地进行自我介绍，流露出羞怯心理，会使对方感到你不能把握自己，以致对你有所保留。这样，彼此之间的沟通便有了阻隔。

有个求职者自我介绍道："俗话说'胆小不得将军做'，对此，我却不敢苟同，有例为证：汉代韩信为渡过险境，忍了街上小人的胯下之辱，可谓胆小，但是最终成了将军。本人素以胆小著称，却偏有鸿鹄之志，故斗胆前来应聘，我自信能够胜任酒店的这份工作。"

言辞之间，充分展现了求职者的聪慧与自信，具有一定的吸引力。

因此，任何时候都要相信自己，按照你的想法去行动！做事可以胆小，而做人只要堂堂正正，你就可以放开勇气面对，这是一种心态，这种心态决定了你的命运。大多数人往往会在一分钟内就对所遇的人迅速地作一个判断。你的命运也许在十五秒钟内就被决定了。

在交往应酬中，如果你缺乏信心时，不妨也穿戴上最华贵的"服饰"，找出优点，那么你将不会因低人一等而感到自卑了。所以尽量找到自己的长处，即使是自认为不值一提的特长，利用自我扩大法，扩大成足以自豪的优点，借以缩短与对方的心理距离，这样就会增加自信心。